U0580743

# 高校体育教学
# 与体育文化融合发展研究

李进文 著

中国原子能出版社

**图书在版编目（CIP）数据**

高校体育教学与体育文化融合发展研究 / 李进文著
. -- 北京 ： 中国原子能出版社，2021.9
ISBN 978-7-5221-1583-2

Ⅰ．①高… Ⅱ．①李… Ⅲ．①体育教学－教学研究－
发高等学校 Ⅳ．① G807.4

中国版本图书馆 CIP 数据核字（2021）第 190165 号

**高校体育教学与体育文化融合发展研究**

| | |
|---|---|
| **出版发行** | 中国原子能出版社（北京市海淀区阜成路 43 号　100048） |
| **策划编辑** | 杨晓宇 |
| **责任印刷** | 赵　明 |
| **装帧设计** | 王　斌 |
| **印　　刷** | 天津和萱印刷有限公司 |
| **经　　销** | 全国新华书店 |
| **开　　本** | 787mm×1092mm　　　1/16 |
| **印　　张** | 11.75 |
| **字　　数** | 211 千字 |
| **版　　次** | 2022 年 1 月第 1 版 |
| **印　　次** | 2022 年 1 月第 1 次印刷 |
| **标准书号** | ISBN 978-7-5221-1583-2　　　　**定　价** 68.00 元 |

网　址：http//www.aep.com.cn　　　　E-mail：atomep123@126.com
发行电话：010-68452845　　　　　　版权所有　翻印必究

# 作者简介

　　李进文，男，1981年11月出生，山东省招远市人，毕业于成都体育学院，硕士研究生学历，现任四川文理学院体育学院讲师。研究方向：体育人文社会学专业。主持并完成市厅级科研项目一项、校级科研项目三项，发表中文学术论文等十余篇。

# 前　　言

　　新时代背景下大学生不仅要具备强壮的体魄，还要具有开拓精神和现代意识，因此，实现高校体育教学与体育文化的融合发展是构建现代教学体系的必然要求，也是培养社会实用型体育人才的主要手段。

　　全书共七章。第一章为绪论，主要阐述了体育与体育思想、体育文化的渊源、体育教学与体育文化的相互关系等内容；第二章为高校体育教学的现状与发展，主要阐述了高校体育教学的发展历程、高校体育教学的现状与发展趋势、高校体育教学改革的状况分析等内容；第三章为高校体育文化的交流与传播，主要阐述了高校体育文化的传播途径、高校体育文化交流与传播的冲突等；第四章为高校体育教学内容的科学发展，主要阐述了体育教学内容概述、高校体育教学内容的编排与选择、现代高校体育教学内容的科学发展等；第五章为高校体育教学方法的科学发展，主要阐述了体育教学方法概述、高校体育教学方法的选择与应用、现代高校体育教学方法的科学发展等；第六章为高校体育教学模式的科学发展，主要阐述了体育教学模式概述、常见的体育教学模式及应用、现代高校体育教学模式的科学发展等；第七章为高校体育教学与体育文化的融合发展，主要阐述了体育教学与体育文化融合发展的途径、体育教学与体育文化融合发展的案例、体育教学与体育文化融合发展的反思以及高校体育文化现代化的发展策略探讨等。

　　为了确保研究内容的丰富性和多样性，在写作过程中参考了大量理论与研究文献，在此向涉及的专家学者们表示衷心的感谢。

　　最后，限于作者水平有限，加之时间仓促，本书难免存在一些疏漏，在此，恳请同行专家和读者朋友批评指正！

作　者

2021 年 1 月

# 目　　录

# 第一章 绪 论

体育是我国现代化事业的重要组成部分。新中国成立以来，国家领导人历来重视体育的价值和功能，形成了一系列体育思想，对推动我国体育发展和社会主义现代化建设发挥了重要作用。本章分为体育与体育思想、体育文化的溯源、体育教学与体育文化的相互关系三部分，主要内容包括体育内涵、体育思想、体育概念单程的历史背景、体育概念的中国文化属性等方面。

## 第一节 体育与体育思想

### 一、体育内涵

体育是人类社会发展中，根据生产和生活的需要，遵循人体身心的发展规律，以身体练习为基本手段，达到增强体质，提高运动技术水平，进行思想品德教育，丰富社会文化生活而进行的一种有目的、有意识、有组织的社会活动，是伴随人类社会的发展而逐步建立和发展起来的一个专门的科学领域。体育的概念有广义和狭义之分。体育的广义概念（亦称体育运动），是指以身体练习为基本手段，以增强人的体质，促进人的全面发展，丰富社会文化生活和促进精神文明为目的的一种有意识、有组织的社会活动。它是社会总文化的一部分，其发展受一定社会的政治和经济的制约，并为一定社会的政治和经济服务。体育的狭义概念（亦称体育教育），是一个发展身体，增强体质，传授锻炼身体的知识、技能，培养道德和意志品质的教育过程，是对人体进行培育和塑造的过程，是教育的重要组成部分，是培养全面发展的人的一个重要方面。

### 二、体育思想

在新的历史条件下，习近平的体育思想在吸收借鉴了前几代共产党领导人的体育思想的基础上，丰富和完善了新中国体育思想。习近平体育思想的主要内容体现在中国体育事业发展的各个方面，在关于体育地位、体育发展的规划、体育精神的弘扬及体育价值等方面均有着丰富而深刻的论述，并提出了诸多观点。

## （一）关于体育地位的界定

2013 年 11 月，习近平在会见巴赫时指出，体育事业的发展关系着中华民族的伟大复兴。这是习近平结合历史的发展条件给了体育事业发展一个新的高度，同时我们可以看出体育事业的发展在现代化建设中有着重要地位。习近平从中华民族复兴、中国现代化建设的角度，高度重视体育的地位。

### 1. 体育强国梦与中国梦紧密相连

中国梦是体育强国梦发展的前提和基础，二者紧密联系在一起。新中国成立以来，我国体育事业不断发展，尤其是竞技体育发展成果显著。我国运动员获得世界冠军的数量不断翻番。我国又先后举办奥运会、青奥会等国际大型体育赛事，竞技体育的不断发展，促进了民族团结，同时向世界展现出了不屈不挠、奋勇争先的民族精神。在竞技体育快速发展的同时，群众体育也在稳步推进。国家出台了一系列保障群众体育发展的措施，旨在促进全民健身，提高全民健康水平，国家的发展促进体育的发展。

体育包含着丰富的文化积淀和精神财富，它始终是伴随着人类文明和社会的进步而发展的。新中国成立之初，国家各项事业百废待兴，我国科技技术落后，体育体制不完善，公共健身设施缺乏等问题严重地影响了体育事业的发展。以毛泽东为核心的党的第一代领导集体高度重视体育的发展，曾在多个场合强调体育能够增强人民体质。随着中央体委等体育相关部门逐渐成立，体育制度也在逐渐完善。改革开放之后，国家的综合实力不断提升，体育发展的战略布局也在不断调整，开始侧重于发展竞技体育，在"举国体制"的保障下，竞技体育得到了空前的繁荣发展。2015 年，我国获得第 24 届冬奥会举办权。我国体育强国梦从此踏上了新的征程。国家在崛起的过程中往往伴随着体育的崛起，同时，体育在国家崛起的过程中发挥着不可替代的作用。

### 2. 体育事业的发展是社会主义现代化建设的重要组成部分

体育事业的发展为社会主义现代化建设提供了精神动力和身体素质保障，体育事业是社会主义现代化建设的重要组成部分，发挥着独特的作用和价值。体育为社会主义现代化建设提供精神动力，这种精神力量将有利于全国人民齐心协力朝着一个方向努力。例如，北京奥运会举办前夕，平安奥运是奥运会筹备工作当中的重中之重。在中央的统一领导和部署下，110万治安志愿者参与到奥运安保工作当中，全民团结一致为平安奥运的召开奠定了坚实的基础。赛事成功举办的背后激发了全国人民的爱国主义热情，凝聚起亿万中华儿女为实现中华民族复兴而不懈奋斗的强大力量，这为我国人民投身于社会主义现代化建设提供了精神动力。

体育为社会主义现代化建设提供身体素质保障。人是社会主义现代化建设的主体，而一个人有着良好的身体素质保障才能更好地为社会主义现代化建设服务，同时也是建成小康社会和实现社会主义现代化强国目标的重要基础保障。身体健康是人们正常工作的基础保障。体育事业的发展有利于提高人们参加体育运动的意识，使越来越多的人加强体育锻炼，在增强身体素质的同时锻造坚强的意志品质，能够更好地投入到工作当中，可以有效地提高其劳动生产力，延长人们工作的年限。

随着体育事业的不断发展，居民的健康水平有所提高，这些都与体育事业的发展息息相关，人们只有在身体健康的情况下才能更有效地投入到社会主义现代化强国的建设当中。

因此，为了能够实现富强民主文明的社会主义现代化强国的目的，大力发展体育事业是不可缺少的。我国产业结构中，第一、第二产业的占比高于第三产业，因此想要优化经济结构，就必须要大力发展第三产业。体育产业在第三产业中发挥着重要作用，成为第三产业的新兴力量。我国体育产业的发展停留在初级阶段，还有较大的发展空间。随着我国城市化进程不断推进，人民经济水平不断提高，健身意识不断增强，体育产业一定会加快第三产业的发展速度，从而优化经济结构，促进产业升级。习近平对于体育经济价值的认识，结合了现阶段我国经济发展的现状，为国家经济结构的优化和增长提供了动力。

## （二）关于体育发展的规划

习近平关于体育发展的规划主要集中在发展目标、发展理念和发展方式三方面，这三方面的提出为体育的繁荣发展提供了有利的理论指导。

### 1. 关于中国体育发展目标

习近平作为党的最高领导人对国家体育发展的目标有明确的规划。他在接受俄罗斯电视台采访时指出："建设体育强国是我国体育事业的奋斗目标。"体育强国在中国特色社会主义新时代包含了很多意义，最早的"体育强国"的含义是奥运金牌总数的名列前茅，而随着时代的发展，体育强国不单单是一个国家在竞技体育水平上的发展了。

建设体育强国，提高整体竞技水平。各个体育项目的发展不平衡已成为制约我国建设体育强国的重要因素。一个国家竞技体育的水平的体现不仅反映在奥运会上得到的金牌数量，而且也能够代表国家整体竞技实力的基础项目的发展，以及奥运会以外的世界大赛的成绩。在 2008 年北京奥运会上，我国获得的金牌总数排列第一，奖牌总数排列第二，但是我国整体竞技水平较低，因为获得奖牌的项目主要是乒乓球、羽毛球、体操、跳水和举重等，在其他项目上，我们与其他国家还存在很大的差距，比如田径、足球、篮球、游泳等。田径这一大项目共 47 枚金牌，是所有运动大项中产生金牌数最多的项目。而 2008 年北京奥运会，我国仅获得两枚铜牌，"三大球"更是一枚奖牌都没有获得。2014 年 8 月，习近平指出，体育强国的重要标志之一就是"三大球"水平的提升。可见习近平对于建设体育强国这个目标有着更高的要求，我们不能只看到国家擅长的那些体育运动项目，还要看到我们的短板。这些是在夏季奥运会上的体育项目，而冰上和雪上运动竞技项目的问题更为突出。2014 年 2 月，习近平强调，在广大民众非常关注的某些体育项目上，我国与国际先进水平之间还有不小差距。只要我们坚持不懈，团结奋斗，我国就一定能实现由体育大国变成体育强国的目标。夏季奥运会和冬季奥运会几乎涵盖了所有竞技体育项目，习近平对国家竞技体育项目的发展有着很高的要求，从其讲话中我们可以看出，要尽量补齐短板，要建设体育强国就要提高整体的竞技体育水平。建设体育强国，推动群众体育发展。

国民体质的强健是体育强国的重要体现，而大力发展群众体育的发展有利于提升全民健康水平。2013 年 11 月，习近平强调，大力发展群众体育，提高公民健康水平，将会加快中国由体育大国向体育强国转变的速度。公民身体健康水平是衡量一个国家体育力量和社会发展水平的重要依据和标准。随着改革开放的发展，中国竞技体育连续取得优异成绩，但是，国民体质与世界体育强国相比还存在差距。

政府为加快促进群众体育的发展，要精准发力，不断满足人民的健身需求，增加人均体育场地面积、场馆免费开放数量、公共体育经费的投入等。另外，还要加强农村和欠发达地区的公共体育资源配置。进而为人民群众参与全民健身提供保障。通过群众体育的发展，为提升国民体质营造良好的运动环境，从而促进体育强国的建设。习近平结合中国体育发展的现状，提出高屋建瓴的看法，将提高竞技体育整体水平和大力发展群众体育作为建设体育强国的重要目标，为中国体育道路下一步的发展指明了方向。

2. 关于中国体育发展理念

中国体育在发展过程中，如果没有思想就没有灵魂，没有理念就没有方向。习近平曾强调，理念是行为的先导。体育在不断发展的过程当中，发展环境和发展条件会随之变化，要使体育事业可持续健康发展，那么发展理念也应随之更新。

创新是体育发展的新动力。习近平曾指出，要以冬奥会、冬残奥会为契机大力推动体育方面的体制、机制、管理和政策多方面的创新。当今中国的体育事业的发展机遇与挑战并存，而创新是引领体育发展的第一动力，要积极探索创新，引导中国体育沿着正确道路发展。习近平作为国家的最高领导人，鼓励体育在发展的过程中创新，体育工作者们在习近平总书记关于体育重要讲话精神的指导下，剖析实际，出台了许多创新型的政策。奥运会可以说是检验运动员水平的考试，也可以说是对一个国家体育领域各个方面的考验。习近平鼓励体育工作者在发展的过程中摸索创新，用新的办法解决各种问题，顺应时代发展的要求，抓住体育发展过程中的机遇。

促进体育协调发展。竞技体育发展的基础是群众体育，促进群众体育发展的动力是竞技体育，最终是为了实现人的全面发展。两者既相互独立，又相互统一。而协调两者的关系是促进两者发展的重要手段，都要重视发展，单独发展哪一个都不会长远。习近平在会见全国体育先进单位等代表时重点说明，一定要促进群众体育和竞技体育的共同发展。习近平将体育事业看作一个有机整体，内部要相互协调从而相互促进。

绿色发展是体育发展的新方向。绿色发展，有利于增强体育事业发展的可持续性，可以降低能源消耗，降低发展的成本。在习近平担任北京奥运会领导小组组长时，就强调了"绿色奥运"的办奥理念。而在 2008 年北京奥运会场馆建设上，就采用节能环保技术。在考察北京奥运会、残奥会马术比赛筹办工作情况时，习近平对工作人员把高尔夫场地改造成赛道表示了充分的肯定，体现出了绿色办奥的理念。一个国家办一场奥运会，需要投入大量的人力、财力、物力，建造相应运动项目的场馆、完善城市交通设施等，这都应遵循绿色发展的理念，不仅能够更好地为奥运会服务，还能够长期地服务于人民和国家。由于冬奥会运动项目的环境特点，对地点位置的选择有限，场地建设的要求更高。习近平对北京冬奥会的重视程度是众人皆知的，他对冬奥会的筹备工作也是尽职尽责。在 2015 年 11 月，习近平对办好北京冬奥会做出重要指示，筹办奥运会要时刻秉承绿色理念，致力于提升全体公民的环保意识，加强社会环境治理，提高污染防控水平。举办奥运会对中国体育的发展有着重要的推动作用，在这个过程中，我们必须坚持绿色发展的理念，走可持续发展的道路。

坚持开放发展，加强中外体育交流。坚持开放发展的理念能给中国体育的发展带来进步。在中国体育的发展过程中，应该与其他国家进行更多的交流，虚心请教，认真学习。习近平在对办好北京冬奥会做出指示时强调，筹办奥运会要时刻秉承开放理念，借鉴以往国内外成功的办赛经验，发扬奥林匹克精神，加强同其他国家的体育交流，推动不同文明的交融，展示出中国的良好形象。今天的中国已经前所未有的与世界融合在一起，中国离不开世界，世界同样也离不开中国。体育发展的对外开放不仅能够促进国家间的交流，而且还能够推动国家的体育发展。比如，习近平同德国总理默克尔共同观看中德青少年足球友谊赛时表示，希望双方加强足球领域全方位的交流与合作，进一步提高国家的足球水平。这是在坚定我国体育开放发展的理念，只有这样，我们的体育才能够在国际竞争中赢得主动。

人民群众能否共享改革发展的成果，是判断改革成功与否最根本的标准。习近平曾指出，体育发展水平标志着社会发展和人类进步的水平。体育在社会生活的很多方面都发挥着不可替代的作用，体育发展有助于促进全民身体健康和精神文明健康、引领经济发展，鼓励全国各族人民追求卓越、超越自我。我国大力发展各项体育事业，就是为了能够实现体育带给人民的各项利益。2017年 2 月，习近平在北京考察时强调，抓好冬奥会共享筹办理念，营造全民健身的氛围。氛围的营造使人们了解更多的体育运动，满足群众对体育多样化的需求，这样能够给人民带来更多幸福感与获得感，有利于社会发展和人民团结，引导社会向共同富裕的方向前进。

3. 关于中国体育发展方式

体育发展方式的选择关乎体育事业发展的兴衰，然而这个选择并不是一成不变的，需要根据国家的发展同时结合体育发展的实际情况进行改变。深化体育体制改革，推动举国体制与市场机制的相结合。习近平审时度势，大力推进体育体制改革，他在考察冬奥会筹办工作时强调，要利用好社会主义制度的政治优势，集中力量办大事，也同样不能忽视市场机制和社会力量的作用。一方面，举国体制的发展方式是结合国情所选择的中国特色体育发展方式，它的优点在于可以使我国竞技体育在最短的时间内发展壮大，但在运作过程中暴露出了运动员教育、退役运动员安置、群众体育与竞技体育发展不平衡等诸多问题。同时，竞技体育的发展缺乏社会和市场力量的推动，导致竞技体育缺乏内生动力。另一方面，市场机制是竞技体育发展效率和市场中个别主体权利的联系机制，在竞技体育资源配置中发挥基础性乃至决定性的作用。市场机制的特点是通过资源的自由竞争和自由交换进行配置，但我国体育发展是有着明确的目标，不能由其任意配置。这就需要合理的制度来权衡，也就是要与政府这只"看得见的手"相结合。只有政府做好顶层设计并给予一定的干预，做好定位，得到合理控制，才能发挥好市场机制在体育发展中的重要作用。

目前，我国体育发展正处在深化改革的推进期、关键任务的执行期，体制改革、冬奥筹办、2020年东京奥运会备战、"三大球"振兴、冰雪运动的普及与提高等难题需要我们一一解决。我们要尽快创新体制、完善机制，才能够更好地应对我们所面临的严峻挑战。既要充分发挥社会主义制度优势，整合资源，又要充分发挥市场机制作用，激发市场活力。我国也正在积极推动举国体制与市场机制相结合。我国发展和振兴足球事业，必须消除现阶段足球体制机制中的各项弊端，为足球事业的发展提供体制保障。改革后，中国足协将彻底与国家体育总局脱离，专心提高竞技和职业足球技术水平，而国家体育总局将只负责全运会、亚运会和奥运会等综合性运动会的足球赛事。使举国体制和市场机制更好地融合，从而激发体育的内在活力。

习近平在体育发展方式的改革中坚持和传承了举国体制的基本做法和基本经验，同时坚持创新和完善体育发展方式，将举国体制与市场机制相结合，加快推进了体育改革创新的步伐，这将是我国体育发展可持续的重要举措。

## （三）关于体育精神的弘扬

习近平在其治国理政中特别注重精神的传承与发扬。体育精神与体育实践是认识与实践的关系，是在体育实践的过程中表现出来的，而体育精神不仅能影响体育实践，还对人们的生活有着积极的指导作用。它是一种文化意识形态，是开展体育事业的精神支柱与核心灵魂。习近平十分重视体育精神的弘扬，在其关于体育的讲话中45次提到"精神"，主要集中在中华体育精神和奥林匹克精神两个方面。

### 1. 发扬中华体育精神

中华体育精神扎根在中国传统文化的土壤中，同时汲取西方文化的精华所成长，是十分宝贵的精神财富，要在继承中创新发展、发扬光大。习近平就中华体育精神作出了重要论述，并提倡大力发扬，推动社会主义精神文明建设。

中华体育精神是具有浓厚的民族特色和历史传统印记的中国体育文化，其传统底蕴深厚，随着历史的变迁而意蕴丰富。社会主义核心价值观所包含的国家、社会、个人层面的价值与中华体育精神存在契合点。其一，为国争光、无私奉献是爱国主义精神的体现，是维护民族团结和增强民族自豪感的体现，是将个人与国家的前途命运紧密联系的体现。其二，科学求实、遵纪守法、团结协作是体育运动和谐发展的体现。其三，中华运动健儿在赛场上奋力拼搏的精彩表演和催人奋进的背后事迹，具有永恒的魅力和跨时代的震撼力、感召力与说服力。然而，中华体育精神不仅局限于体育运动本身，他能够渗透到国家的各行各业成为人们内心的精神理念和追求。因此，发扬中华体育精神，能够使得社会主义核心价值观"润物细无声"。

2. 弘扬奥林匹克精神

奥林匹克精神体现了人类的理想精神和美好的人生追求。奥林匹克精神可以促进世界人民之间的友谊，维护世界和平。

加深各国人民友谊，为促进世界和平做出贡献。"团结、友谊、和平和公平竞争"的奥林匹克精神以国际大型体育赛事为载体，有着广泛且深远的影响力。今天的中国比任何一个国家更加珍惜和平，而作为大国的我们更想世界和平，共同发展。弘扬奥林匹克精神是促进世界和平的重要举措。习近平在担任北京奥运会领导小组组长时，提倡人们参与奥运，体会奥林匹克精神。他曾强调，北京奥运会的火炬的传递，将在13亿中国人民中传播奥林匹克理想，弘扬奥林匹克精神。

我国作为世界发展中的大国，普遍受到各国人民的关注加之奥运会是国际大型赛事，弘扬奥林匹克精神的影响力不言而喻，北京奥运会的成功举办验证了这一点。习近平积极弘扬奥林匹克精神，曾在多次场合强调弘扬奥林匹克精神可以增加国家间人民的友谊和促进世界和平。中国继成功举办北京奥运会后，又积极申办北京冬奥会，体现出为促进世界和平的决心。2014年2月，习近平在同巴赫交谈中表示，2008年北京奥运会的成功举办和2022年冬奥会的申办必将有利于弘扬奥林匹克精神。在习近平致国际奥委会主席巴赫的感谢信中他坚定地表达了中国将为弘扬奥林匹克精神作出新贡献的强烈意愿。同时，中国紧紧抓住弘扬奥林匹克精神的机会，为各个国家相互交流与沟通做出努力。习近平曾在瑞士洛桑国际奥林匹克博物馆会见巴赫时，在国际奥委会的贵宾簿上写下了"弘扬奥运精神，促进和平发展"的中文字样。巴赫向习近平同志授予奥林匹克金质勋章，以代表国际奥委会表彰习近平同志对促进世界体育事业和奥林匹克精神所作的杰出贡献。习近平为弘扬奥林匹克精神，身体力行，为促进世界和平做出了重要贡献。

积极弘扬奥林匹克精神，正确看待奥运金牌。2014年2月，习近平在看望索契冬奥会中国体育代表团时强调，成绩不仅在于奖牌的数量，更在于传承与发扬奥运精神，奋力拼搏，超越自我。习近平鼓励运动员要正确看待金牌，充分发挥奥林匹克精神。在经济迅速发展的当今世界，一些人为了个人名利，置国家荣誉于不顾，铤而走险，把体育运动过度商业化，使用兴奋剂，破坏奥林匹克运动精神，使奥林匹克运动不能顺利向前发展。因此，运动员不能被眼前的利益所驱使，要看到运动背后奥林匹克精神的存在。每一个奥运冠军成功的背后都有着自己艰辛拼搏的路程，他们在这条路上披荆斩棘，超越自我，最后走向成功。在这其中优秀运动员所展现出的奥林匹克精神的价值将远远超过得到冠军所给他带来的经济价值。因为优秀的运动员拥有巨大的社会价值和良好的道德价值。人们在奥运会上通过奥运冠军、参赛与不参赛的选手汲取着巨大的精神力量，他们的事迹激励、感动着人们去拼搏，这种潜在的社会影响是巨大的，甚至是不可预估的。习近平更注重这种价值的体现，他在接受俄罗斯电视台采访时表达出了中国体育代表团的期待：中国运动员会发扬奥林匹克精神，努力战胜自我、超越自我，发挥自己的最好水平。运动员在比赛过程中努力拼搏，把自己最好的技术水平展现出来，从而超越自我，发扬奥林匹克精神。

习近平在多处场合积极弘扬奥林匹克精神，有利于促进世界和平的发展，有利于运动员树立正确的价值追求，为奥林匹克精神的发展做出贡献。

### （四）习近平体育思想的当代价值

习近平体育思想引领新时代体育事业的发展。在继承和发展了新中国体育思想的基础之上，推动中国体育事业全面发展，助力中国社会主义现代化建设。

#### 1.继承和发展了新中国体育思想

新中国体育思想在发展的过程当中主题表达有所不同，习近平对新中国体育思想的继承，主要是在新中国成立之后，基于党的领导核心体育思想的继承。国家领导人作为党和国家的领导核心，其体育思想反映了当时的领导集体根据时代背景对体育事业发展所做出的指导意见，其理论成果指导着新中国体育事业的发展。习近平体育思想继承了新中国体育思想，并结合国家发展情况和时代特点逐渐丰富和发展新中国体育思想。

（1）对新中国体育思想的继承

对新中国体育思想的继承主要体现在坚持以人民为中心的立场、注重发挥体育的政治功能和重视促进青少年健康三个方面。

第一，坚持以人民为中心的立场。新中国成立以来，党和国家领导人高度重视人民群众的身体健康，至今，仍坚持了这一体育思想，大力发展群众体育，使得我国体育人口逐渐壮大。

习近平继承和坚持了这一体育思想，他多次强调推动群众体育发展的重要性。习近平在新的历史条件下，继承和坚持了"以人民为中心"的体育思想。

第二，注重发挥体育的政治功能。毛泽东体育思想的开放性，使得体育与外交创造性地结合，体育外交历史上"小球转动大球"的"乒乓外交"打开了新中国的外交新局面，促进了中美关系正常化的进程，使得新中国加快了走向世界的步伐。同时也促使了新中国体育外交思想的形成。党的领导人利用体育外交的功能，与其他国家开展体育访问，进行体育文化交流；积极参与大型体育比赛，为国争光；举办奥运赛事，展示国家综合实力。党的领导人利用体育外交功能，提升了我国的国家形象和国际地位，逐渐地丰富了新中国体育外交的思想。

习近平继承和坚持了这一体育思想。他曾借助体育开展外交，2015 年，习近平在参观位于美国华盛顿州塔科马市的林肯中学时，将很多介绍中国文化的书籍、乒乓球器材赠送给了林肯中学。习近平希望两国青少年能够加强交流，增进友谊，继续为中美关系发展作出贡献。随后不久，林肯中学的近百名学生来到中国游历近半个月，许多孩子表示这是一次改变人生的旅行。中国之行后，部分学生已经开始寻求去往中国深造的奖学金或学生交流项目。习近平这种运用体育外交展现出的"亲民"，一路传递着善意与温暖，获得了世界各国人民的好感与信任。习近平坚定的继承新中国体育外交的思想，对新中国的体育外交做出了新的贡献。

第三，重视促进青少年健康的体育思想。新中国成立以来，国民经济迅速发展，综合国力不断增强，国际地位逐渐提升，这都离不开合格的建设人才。而要培养这种合格的建设人才就要从青少年教育开始。青少年的身心健康是一切学习的基础。因此，新中国自成立之后国家就非常重视青少年身心健康的培育。1951 年，毛泽东在给马叙伦写信中强调："健康第一，学习第二的方针。"经过几代中国共产党最高领导人的继承和发展，形成了新中国培养青少年"健康第一"的体育思想，习近平继承和坚持了这一体育思想。习近平在看望青奥会的中国体育代表团时强调，运动员们在赛场上的精彩表现，将提高全国青少年积极投身体育锻炼的意识。青奥会结束之后，习近平强调，要总结青奥会的经验，引导广大青少年积极投身于体育健身运动当中。国家相关部门在习近平关于体育工作的重要讲话精神的指导下，制定了相关的政策，例如，对青少年体育锻炼方面做出了要求，如青少年要熟练掌握1项运动技能，每天锻炼不少于1小时。到2030年学校体育相关配套设施达标率100%等。

（2）对新中国体育思想的发展

习近平对新中国体育的发展主要体现在把体育发展上升到国家战略高度，更加注重体育的全面协调发展和强调体育的多元价值与功能三个方面。

第一，把体育发展提升到国家战略高度。当今世界风云变幻，但和平与发展仍然是主旋律。国家间的竞争已经从硬实力蔓延到软实力领域。习近平把握时代大局，担当民族复兴大任，创造性地提出体育强则中国强，把体育发展提升到国家战略高度。2013年8月，习近平在会见全国群众体育先进单位等代表时强调，要重视全民健身运动的发展，政府要把体育工作放在重要位置。习近平鼓励人们投身于体育锻炼当中，形成一个良好的生活习惯，为建成全面小康社会营造一个健康积极向上的生活氛围。

第二，注重体育全面发展。新时代新要求，习近平高明远识，在国家发展新形势新背景下，对许多体育领域的问题提出了新的看法。新中国成立以来，我国一直面临着从体育大国向体育强国转型的难题。体育从毛泽东时期的增强人民体质到新时代健康中国的建设，更加注重群众体育、竞技体育与体育文化、体育外交、体育产业的融合发展。中华人民共和国成立之初，在"发展体育运动，增强人民体质"的伟大号召下，国民体质得到很大提升，人民为建设社会主义开展体育运动强身健体。进入21世纪，经过几代人的不懈努力，我国竞技体育在国际上取得重大突破。随着这一转变，竞技体育项目越来越跳出体育界而受到普通大众的欢迎。体育的全面发展是大势所趋。2008年习近平实地考察北京市奥运服务保障工作，当来到东城区地坛奥运文化广场时，习近平高兴地说，要把奥运文化广场活动扎实组织好，使之成为奥运赛场之外又一个展示中国人民精神风貌的窗口。2014年，习近平看望去往德国训练的志丹少年足球队，观看双方友谊赛，体育的民间外交功能日益与公共外交擦出火花。

第三，强调体育的多元价值与功能。随着改革开放的深入推进，体育的各项功能逐渐被挖掘，同时在政治、经济、文化和教育等领域的价值也在逐渐彰显。习近平顺应时代潮流，充分认识到体育的综合功能和多元社会价值，并将其运用到社会主义现代化建设当中。习近平将体育作为维护民族团结、加强各国人民交流和促进国家间关系的重要政治工具；将体育产业作为国民经济增长和推进供给侧结构性改革升级的重要举措，为国家经济结构的优化和增长提供了动力支撑；将体育文化作为传播交流中国传统文化和丰富人民精神的有效途径；将体育作为引导青少年思考健康生活方式和促进全面发展的重要手段，为我国培养优秀人才做好铺垫。习近平在其治国理政中，充分发挥体育的各项价值，为全面建成小康社会、建成社会主义现代化强国做出了贡献。

习近平带领新中国开创体育全面发展。在继承了坚持以人民为中心的立场，注重发挥体育的政治功能，重视促进青少年健康的体育思想的基础之上，习近平审时度势，高瞻远瞩，推进新中国体育思想迈上一个崭新的台阶。

2. 推动新中国体育事业全面发展

结合近几年相关体育领域的发展进行分析，分析出习近平体育思想对新中国体育事业的影响有哪些。

（1）推动群众体育运动发展，广泛开展全民健身

习近平对于体育的重视，影响着群众对于体育关注。群众增强参加体育锻炼的意识是群众体育发展的基础，有利的政策和基础设施是群众体育发展的重要保障。一是作为国家最高领导人的他对于体育的高度关注使得人民群众对于体育锻炼的意识逐渐加强。习近平积极倡导人民群众形成健康的生活习惯和作风，多次在重要场合讲述体育的重要作用，让人们在业余时间投身于体育锻炼当中，提高身体素质的同时促进人的全面发展。二是国家相关部门认真学习习近平关于体育工作系列讲话的精神，制定出了许多促进体育发展的政策，如《群众冬季运动推广普及计划》《全民健身计划（2016—2020 年）》等。

政策中对群众体育的发展做出了许多详细的指导，如充分利用郊外空旷公园、公共绿地及城市空置场所等加快群众体育设施建设、推动场馆设施开放利用、在生活休闲社区增建健身器材、加大群众性冰雪运动场地建设和着力提升体育服务业比重等。政府为群众体育的发展提供了强有力的保障，群众体育的发展空前繁荣。如，2017 年天津全运会以"全民健身，共享全运"为主题，首次增设了群众体育赛事项目，让老百姓参与到体育竞赛中，加快了全民健身和国民健康目标的实现；国内众多大型企业出高价抢占体育资源，中超联赛媒体五年版权更是卖出 80 亿元大单，在中国田协注册的马拉松赛事从 2010 年前的 22 场增加到 2017 年的 300 场以上等。群众体育在习近平体育思想的指引下

得到了繁荣发展，为广泛开展全民健身提供支撑，将有利于提升人民身体健康水平，进而为实现全面小康社会的目标作出贡献。

（2）推动体育体制改革，提升竞技体育综合实力

中国竞技体育在《奥运争光计划》的政策扶持下，取得了优异的成绩，但大多集中于一些优势项目，整体发展不均衡的现象突出。习近平曾指出，多年来，中国在体育方面取得了巨大进步。中国运动员在国际赛场上捷报频传。但是，有些项目仍是短板。要弥补短板，才能实现体育强国的目标。2014年，在青奥村训练馆，习近平对队员和教练说："三大球要搞上去，这是一个体育强国的标志。"表达了要发展"三大球"的殷切希望。习近平曾称赞女排不畏强手，勇夺金牌。由此可以看出，习近平对于我国竞技体育中一些弱势项目的发展寄予厚望，并且根据中国国情和体育发展的规律对"三大球"有了新的发展规划。2015年3月，国家发改委实行"三步走"战略，为足球的发展明确了目标；随后，中华人民共和国教育部发布了《关于印发全国足球场地设施建设规划（2016—2020年）的通知》，切实为中国足球的发展提供了保障。2017年2月，姚明当选中国篮协主席，让专业人做专业事。女排不负国家使命，时隔12年在2016年里约奥运会上勇夺金牌。田径和游泳也多次实现重大突破，2015北京田径世锦赛，男子4×100米决赛中国队历史性夺得银牌。在里约奥运会上也获得第四名的历史最佳成绩。

在习近平体育思想的指引下，政府结合我国竞技体育发展的现状，与时俱进，将举国体制与市场机制相结合，激发了竞技体育的内在活力，推动了竞技体育的整体发展。

（3）推动冰雪运动普及，提高冰雪运动成绩

冰雪运动一直以来是我国体育运动项目的短板，成为制约我国迈向体育强国的重要因素之一。习近平积极推动冰雪运动项目的发展，多次向国际奥委会表达中国申请冬奥会的意愿，并提出冬奥会的成功举办将带动3亿中国人民参与冰雪运动。

近几年，在习近平的积极推动下，我国冰雪运动的发展取得了实质性的成果。历经一年多的努力，我国成功申办2022年北京冬奥会、冬残奥会。这为冰雪运动的发展带来了机遇。国家为保障冰雪运动的普及，先后发布了很多措施。在政策的保障下，冰雪运动的发展出现井喷式的增长。一方面，越来越多的冰雪运动国际大型赛事走进中国。如2017年11月至12月，河北张家口崇礼县先后承办了世界单板滑雪巡回赛和世界杯滑雪登山比赛。另一方面，参

与冰雪运动的人数大幅上升。在国家的大力支持下，冰雪运动成绩有所提升，2018年平昌冬奥会上，短道速滑、单板滑雪U型池和速度滑冰等项目取得历史性突破的好成绩，男子钢架雪车、女子跳台滑雪、男子双人和四人雪车等项目首次获得奥运参赛资格。

在习近平体育思想的指引下，国家积极推动冰雪运动的发展，在满足人民多样化健身需求的同时，弥补了我国冰雪运动项目的短板，进而推进体育强国目标的实现。

综上所述，习近平结合时代发展的需求，优化体育发展项目结构，积极推动体育事业全面、均衡发展。近几年来，我国体育事业在习近平体育思想的指引下，群众体育、竞技体育和冰雪运动的发展成果丰硕。

3.助力中国社会主义现代化建设

（1）促进健康中国建设

健康中国建设关系到我国的民生，同时对全面建成小康社会、提升我国综合实力、促进经济社会发展有着重要意义。人民体质健康的发展是健康中国建设的重要基础。体育是非医疗干预促进人民健康的重要途径，全民健身的广泛开展将有利于提升人民的身体健康水平。其一，国民体质总体水平。监测国民体质水平将有利于推动全民健身活动的开展，提高国民身体素质和健康水平。据国家体育总局现有数据显示，我国居民达到《国民体质测定标准》的由2010年的88.9%增长到2014年的89.6%，增长了0.7个百分点，并且不同年龄、性别以及城乡人群均呈现增长趋势，身体形态水平持续增长，超重肥胖增幅降低。其二，居民健康素养水平。我国居民健康素养水平从2012年的8.8%增长到2016年的11.58%，保持稳定上升的态势。在居民健康水平不断提高的同时，一系列保障人民健康的措施出台。如《全民健身计划（2016—2020年）》，《全民健身计划（2016—2020年）》提出了七个主要任务和七大保障措施，进而保障全民健身运动的开展。

（2）为中国梦实现增添动力

习近平体育思想不仅重视体育对物质文明的作用，还注重发挥体育的在精神文明层面对人民群众的导向作用。习近平曾强调："体育能为中华民族伟大复兴提供凝心聚气的强大精神力量。"这种力量能够激励人们不断奋进，为国家发展做出贡献。发挥体育在精神文明建设中的作用，为中国梦的实现增添动力。习近平多次在重要讲话中提到要发挥好体育在精神文明建设中的作用。他在会见第 31 届奥运会中国体育代表团时，高度称赞中国女排不畏强手、英勇顽强，充分展现了女排精神，全国人民都为之振奋。今天的中国正面临着经济转型、全面深化改革和脱贫攻坚的重大挑战，运动员这种"为国争光，敢于争先"的拼搏精神，正是克服挑战中重重难关的精神力量。习近平以女排精神激励中国各行各业的人们，要有为国争光的激情、民族融合的使命、民族复兴的伟大梦想。在习近平总书记称赞女排精神后，多家媒体深层次的挖掘女排精神，把女排精神与中国的发展实际相结合，催人奋进。女排精神深刻的诠释了团结奋进的伟大力量。习近平体育思想为实现中国梦注入新的内容，积极弘扬女排精神，有利于激发全国人民心往一处想，劲往一处使的昂扬斗志，进而促进社会主义精神文明建设，为中国梦的实现增添力量。

习近平将体育融入健康中国建设和推动中国梦的实现当中，通过提升人民健康水平和激发人们团结奋进的爱国主义热情，进而助力我国社会主义现代化建设。

4. 促进中国对外交流与合作

习近平重视体育在对外交流中的作用，并且身体力行，运用体育开展国际交流与合作。体育在新的历史时期被赋予了新的内涵，在外交方面发挥了巨大作用。

（1）展现中国良好形象

习近平体育思想将运动员的良好表现和大型体育赛事的成功举办作为展现中国良好形象的重要载体。国家形象是国际社会的民众对一国相对稳定的总体评价，中国良好形象的展现将有利于促进我国在国际上的发展。鼓励运动员展现良好风貌。运动员是奥运会的核心，其言谈举止、外貌服装和技战术特点都能够表现在世界人民面前，成为中国形象的具体表征符号，展现出国家特色，具有强大的国际影响力。习近平鼓励运动员们在比赛的过程中展现出良好的精神面貌，为促进国家良好形象作出贡献。

在 2016 年里约奥运会上，女子沙滩排球预选赛中，以中国队拿到最后一分取胜而结束。然而，本应是中国队获胜却被裁判驳回，并要求双方继续比赛。这一结果引发了在场观众的争议，但是中国的 2 名运动员选择尊重裁判的判决继续比赛，最后在毫无争议的情况下再次取胜。在里约奥运会赛场上，类似的情况还有很多。如男子拳击羽量级 1/4 决赛中，中国选手吕斌在明显取得优势的情况下被误判失败。中国运动员面临这种情况，最终都选择了尊重裁判，尊重结果。从中国运动员的身上向世人展现出了中国倡导公平竞争、倡导和平的积极心态，积极推动了中国良好形象的塑造。

积极承办大型体育赛事，为展现中国良好形象搭建平台。筹办好北京冬奥会、冬残奥会将有利于展现良好的国家形象。习近平曾强调，北京冬奥会是展现国家形象的重要契机。奥运会作为国际大型体育赛事，具有参赛国家广和国际影响力强的特点。当多国运动员来参赛时，不仅只有运动员和教练员，还有该国的媒体跟随，进行实时报道。报道的内容也不仅局限于比赛，还包含了国家的政治、经济、文化、环境等方面的报道。多方面内容的报道，将使我国良好的国家形象展现给世界人民。例如，有关学者对索契冬奥会是否提高了俄罗斯的国家形象进行了调查研究，在 475 人中有 82.1％的人认为索契冬奥会提升了俄罗斯的国家形象。这对于俄罗斯来说是一个重要的肯定。习近平鼓励运动员在比赛时展现良好风貌和积极承办大型体育赛事，促进了中国良好形象的塑造。

（2）促进中外人文交流

体育是不同国家间沟通的桥梁。在全球化的今天，体育能够促进不同国家间文化的相互交流，使人们相互能有更多的认识和了解。加强体育文化交流，促进国家间发展。习近平提出的"一带一路"是新时期我国内外协调发展的国家战略，而民心相通是"一带一路"建设的社会基础。广泛开展体育人文交流，能够促进国家间民众的相互了解，为"一带一路"的建设奠定基础，同时这也为我国体育文化的发展带来了新的机遇。

我国体育人文交流广泛开展。例如，2017 年 9 月 2 日，"一带一路"国际体育节正式启动，体育节在带动全民参与体育运动的同时，促进了国家间体育文化的交流。我国传统文化通过民族传统体育的载体被许多国家的武术爱好者所熟知，2017 年中央电视台做了《"一带一路"·民心相通 外国留学生的"武术梦"》的专题报道，留学生们表示深刻理解了武术的内涵，回国后将会继续传播中华武术的精神。在 2017 年，广州承办了中国·智利足球合作交流会，就国家足球发展的交流与合作交换了意见和观点，为进一步的合作奠定了基础。同年，由我国优秀才艺学生组成的交流团在智利首都圣地亚哥演出，其中演出的项目就包含了武术，让当地的智利民众能够近距离地欣赏中国传统文化。

体育在促进中外人文交流中发挥着重要作用，加深了不同国家人民之间的相互了解，是促进民心相通的重要途径。国际上越来越多的国家通过体育相互认知、相互了解，国家间的距离逐渐拉近。体育在国际上的发展促进了世界文化的交流，为人类社会文明的发展提供了动力。

# 第二节 体育文化的溯源

体育文化是人们在体育实践中形成的体育活动方式和人们创造的物质产品和精神产品所体现的人的创造能力和智慧的总和。当人们有意识地、积极地把体育锻炼作为促进身心发展的一种手段时，这种体育锻炼就具有体育文化的意义。体育文化是人类文明的产物，已经成为一种有影响力的社会文化活动，改变着世界上不同信仰和肤色的人们的生活方式，对促进人们的身心健康和社会的和谐发展发挥着不可替代的作用。

## 一、体育文化的起源

关于体育文化的起源有多种说法，比较普遍的有劳动起源论、军事起源论、游戏起源论、宗教起源论、教育起源论等。

①劳动起源论——从总体上说，人类的文化是通过人类自己的双手和大脑的思维创造出来的。早期人类在求生中学会了奔跑、跳跃等技能，并在追捕猎物等活动中，发展了速度、耐力、力量、灵敏性等各种身体素质。这时的体育鲜明地体现为以生存为直接目的而进行的各种能力的训练。

②军事起源论——从个人之间为争夺狩猎得来的猎物而产生的冲突发展到后来部落之间的武装冲突，各部落为了提升自己的力量进行了有组织的身体训练。

③游戏起源论——原始人在获得大量猎物后，特别是在丰收之后，聚集在一起以游戏欢舞的方式庆贺，这表明了体育是在跑、跳、投等劳动形态中演化出来，并以欢唱和舞蹈来表达内心喜悦的。

④宗教起源论——原始社会后期，由于生产力水平低下，受季节和环境的影响，原始人为求助于自然界恩赐，祭祀天地而形成原始宗教活动，其以体育运动形式进行祭祀。

⑤教育起源论——随着生产劳动的发展，在军事、游戏中演变出来的运动技能、技巧，以劳动教育的方式传授给后代。这既发展了上述各种技能和身体素质，又使人类逐步脱离了动物野性，向人性方向进化，形成了具有文化内涵的体育生活。

综上所述，体育文化的产生是人类从动物野性变为人性的过程中上述因素相互综合演化的结果。也就是说，人类在改造自身的过程中，其原始的野性、进攻性通过劳动、游戏、教育以及合理的竞争方式逐步地形成了人类社会特有的文化现象，即体育文化。

## 二、体育文化的含义

### （一）文化的含义与基本特征

文化是人类活动的模式以及给予这些模式重要性的符号化结构。在文化大繁荣、大发展的今天，在社会各个领域都在探讨和寻求自身文化建设的同时，学校也在积极地构建能代表自身价值的优势文化。从民族文化到企业文化，从传统文化到与世界接轨的交融文化，从国家文化的塑造到个人自身文化修养的提高，文化建设已经成为关注的焦点。

"文"的本意是各色交错的纹理，后引申为包括语言文字在内的各种象征符号，进而具体化为文物典籍、礼乐制度，具有修饰、修养、人为加工等含义，以及美、善、德行之意。"化"的本意为发生、变化、造化。狭义的文化，主要是指人类社会意识形态及与之相适应的制度和设施；广义的文化，是指人类所创造的物质和精神财富的总和。文化包括物质、精神、语言、社会组织等方面。

### （二）体育概念诞生的历史背景

"体育"于1876年出现在日本，是运用汉语词汇对英语P.E的翻译，"体育"一词最早出现在陈懋治等人于1897年编写的文本《蒙学课本》中，据说是从日本文献中引进。19世纪末，当中国处于极度的危险和极度的脆弱之中时，中国人向外国学习的热情空前高涨，积极向外国学习先进技术和文化。哲学、逻辑学等西方学术论著对促进东西方文化的融合起到了积极的作用。作为汉字的"体育"一词也正是这个时候从日本引入中国，逐渐代替此前引进的"体操"被中国人所接受认可。当时，西方国家经历漫长的工业革命，科学技术已经达到了相当高的水平。向西方学习，赶超强国，成为当时各国发展国力的基本战略。那时还没有像今天的奥运会和世界锦标赛这样的国际比赛，体育的影响也远不如现在，人们对体育的认识也远不如现在全面和深刻。"体育"一词的引入，只是作为中国借鉴西方经验的证明，也是对中国传统体育文化的重组和扬弃。但从日本人在了解西方文化、中国文化和自己的母语的时候依然选择中国汉字，足以说明中国汉字的影响力和概括性，"体育"这个词本身被赋予越来越多的西方逻辑含义，也间接地反映了日本对中国文化的肯定。由此我们甚至可以认为，"体育"概念的诞生开启了中国体育发展的新时代。

### （三）体育概念的中国文化属性

现代意义上的"体育"一词诞生，很难有很深的明确定义，但我国大多数学者可以从我们的养生、卫生保健、武术、球类运动、舞蹈、杂技艺术等文化的角度理解"化育身心，促进健康"的意思，它也应是在当时的语言环境中最原始的最具本质的体育内涵了。中国古代体育更注重修身养性，这是由中国传统文化所决定的。儒、道、佛对心灵修养都有独特的论述，强调心态对生命和健康的重要性，提倡身心的统一，以心理为导向，以身体活动为主线。这些都是体育赖以存在和发展的沃土，都具有体育的功能，更能体现"育"的本质，但却和现代的体育的内涵不完全一样，"体育"一词就是在当时的历史文化环境中试图用西方体育视野看东方体育文化，但我们必须接受的是"体育"从表面上更多的代表了西方的运动项目及以运动为载体的教育，这些项目和我们民族运动项目一样具有促进身心健康的保健功能，这是这些文化形态被冠以体育之名植根中国的文化基础，但就系统的整体而言，体育的本身远不是"身体教育"所能概括的，也不是"运动""竞技"等能替代的，我国体育及其文化的产生要远远早于"体育"概念本身，且早已同中国医学一道形成一套独具中国特色的健身文化体系，我国体育的发展也不断印证了这一点。

### （四）体育文化的定义分析

体育文化是指体育运动本身所蕴含的、围绕体育运动所形成的一切物质文明与精神文明的总和。体育文化同时可指体育运动某一方面的文明因素。体育文化的主体是人类，体育文化是人类特有的社会文化现象和文明成果，泛指人类在体育历史发展过程中所创造的物质财富和精神财富的总和。体育文化是在增强人类健康、提高人们生活质量的过程中创造和形成的一切物质财富和精神财富，包括与之相适应的社会组织及规范体育活动的各种思想、制度、伦理道德、审美观念，还包括为达成目标而进行的各种改革举措以及相应的成果。

1. 借用物质与精神的二元关系来定义体育文化

文化"广义指人类在社会实践过程中所获得的物质、精神的生产能力和创造的物质、精神财富的总和"。持这一观点的学者认为体育文化是有关体育运动的物质文明和精神文明的总和，即在社会中的人们通过长期的体育实践所创造物质、精神财富的总和。

### 2.借用文化结构主义来定义体育文化

国内某些学者倾向于从文化结构层次来定义体育文化。关于文化结构，理论界存在诸多提法。如物质文化与精神文化两分说；物质文化、制度文化、精神文化三层说；物质、制度、行为、心态四层说；物质、社会关系、精神、艺术、语言符号、风俗习惯六大子系统说等。

### 3.借用狭义的文化概念来定义体育文化

这类观点把体育文化限定在体育精神现象或与体育活动相关的社会意识形态以及与之相应的制度和组织机构等范畴之内，也称为狭义体育文化说。狭义体育文化论者主张把体育文化的概念的外延限定在精神领域，认为体育文化就是指以身体的活动为基本形式，以身体的竞争为特殊手段，以身体的完善为主要目标的体育活动过程中人的精神生活的有关方面。

体育文化究竟应该如何定义？体育文化的主体是人类，是人类特有的社会文化现象和文明成果，泛指人类在体育历史发展过程中所创造的物质财富和精神财富的总和。1974年，内蒙古教育出版社出版的《体育名词术语》给体育文化下的定义是：体育文化是指"广义文化的一个组成部分，它综合各种利用身体文化锻炼来提高人的生物学和精神潜力的范畴、规律、制度和物质设施"。

## 三、体育文化的要素

从体育文化的定义来看，体育文化包含体育精神文化、体育制度文化、体育物质文化三方面的要素，这三方面的要素共同构成了体育文化的结构。

### （一）体育精神文化

体育精神文化主要指体育文化的精神、观念层面，包括人们在长期的社会生活和互动中对体育产生的价值观念、心理倾向，以及通过抽象的声音、色彩等表现体育精神的艺术文化等。

### （二）体育制度文化

体育制度文化主要指体育文化的制度规范层面，包括体育运动中人的角色、地位及各种体育活动的组织形式，为促进体育的发展而形成的各种组织机构，人们围绕体育而创造的各种直接影响体育活动的原则，制定的各种规章制度、条例以及管理体制和风格等。

### （三）体育物质文化

体育物质文化主要指体育文化的物质实体层面，包括凝结体育文化特质的各种物质产品，如体育场地、设施、器械和装备以及锻炼与运动的环境等。体育物质文化处于最外层，精神文化是内核，而制度文化处于物质文化和精神文化两者之间。也可以认为，精神文化是内在文化，制度文化和物质文化是外在文化。

从体育文化总体性分析，精神文化中的体育思想、价值观等占主导地位；制度文化是精神文化在人们体育行为和体育生活中的体现；物质文化则是精神文化通过人们的体育实践在物质产品上的体现。

## 四、体育文化的功能

### （一）教育和培养功能

体育文化构成了人们生活的文化环境，不断地影响人的自我发展，发挥着教育和培养人的作用。体育教育直接、有效地培育人的体质，体育文化潜移默化地影响着人的性格。从最初的坐、爬、站立，到后来的走、跑、跳、投、攀登、爬越；从人体肢体活动的技能、技巧，到参加游戏和观看、参与体育竞赛；从遵守活动和比赛规则，到养成良好的生活习惯和健康的生活方式等，无不与体育文化的教育和培养功能息息相关。

### （二）聚合和凝结功能

百余年来，和平、友谊、进步的共同理想把不同国家和民族的人聚合在奥运会的五环旗下。体育文化对人的聚合和凝结作用是其他文化难以比拟的体育文化的聚合和凝结功能具有多层次性，产生于体育文化精神层面的凝结是最深、最强的，也是比较稳定的。相同的体育文化习惯，相同的体育运动项目的选择，会引起不同程度和范围的聚合，如喜欢踢足球的人可能因为爱好聚合在一起，一群儿童因一个游戏聚合在一起，不过这种聚合是表层的、不稳定的。

### （三）调节和引导功能

体育文化已成为现代社会主流文化的具体文化，对道德和法律范围之外人们的社会生活和行为起着十分重要的调节、控制和引导作用。它能使具有不同价值观、道德观的人，甚至是具有不同意识形态的人，汇聚到共同的体育理想和共同的体育价值观下，实现社会矛盾的缓和与协调。例如，有调查统计表明，在奥运会等大型运动会召开期间，各国的刑事案件发生率明显降低。

### （四）传承和传播功能

交流和传播是文化发展的一种重要形式，文化传播包括传承性和扩布性两条路线。

传承性是指文化在时间上传衍的连续性，即文化的纵向延续性。早期人类主要通过身体的动作来记录和传承社会文明及种族之间的生存、生活技能。这种文明的传承方式蕴含了大量的原始体育文化因素。

扩布性是指文化在空间上伸展的蔓延性，即文化的横向传播性。体育文化的横向传播既包括各社会群体和群体之间、群体和个体之间、个体和个体之间的互相传递，又包括国家和国家之间、民族和民族之间、地区和地区之间以及国家、民族、地区三者之间的互相传递。

### （五）吸收和融合功能

通过体育去吸收、融合各民族的先进文化是极为有效的。我国积极学习西方先进的体育文化，西方国家也不断研究、借鉴东方体育文化的精粹部分，这都是旨在通过体育文化去吸收、融合他国文化的特质，以繁荣和发展各自的文化。

### （六）创造和更新功能

现代体育的发展是以科学研究为主要形式的，这本身就是一种文化创造活动，如体育运动中所提出的"更快、更高、更强""参与比取胜更重要""人生能有几回搏"及公平竞争等观念，会逐渐进入人们的精神生活，不断冲击着传统的"中庸之道"等处世哲学，使人们向着锐意进取的观念迈进。

## 五、体育文化的特征

所谓体育文化，是一切体育现象和体育生活展现出来的一种特殊的文化现象，即人们在体育生活和体育实践过程中，为谋求身心健康发展，通过竞技性、娱乐性、教育性等手段，以身体形态变化和动作技能所表现出来的具有运动属性的文化。体育文化总是与人的体育生活紧密联系在一起，反映本民族的、传统的体育特征，这些传统的体育文化规范着本民族的体育行为，也影响着人们不同的体育价值观念。体育文化总是和一个地区或民族的社会文明物质文明以及自身的产生和发展具有互动发展的关系。例如，我国南方人灵巧则善于技巧性的运动，而北方人体力充沛则善于摔跤、马术；南方人身体单薄需要比北方人更多的相互协作，因此在体育运动中倾向于集体项目，而北方人个高力大及其性格上的特征，则在体育运动中倾向于个性化项目。

体育文化是一门自然科学和社会科学相结合的综合性科学。从文化学角度看，体育文化是人类整体文化系统中的一个分支，有其独特的个性，它的产生和发展有着自身的变化规律，因此它具有独立性的一面。现代体育教育和世界教育的发展潮流是一致的。一百多年来，体育教育不但极大地丰富了体育文化，提高了体育在社会中的地位和价值，而且在促进人的全面发展协调发展、完善发展中起到了重要作用。从中可以看出体育文化反映了以下特征。

### （一）符号性

无论是物质形态文化、精神形态文化，还是社会关系形态文化，其核心都是一种（广义的）符号运用。这是人类所特有的，通过在后天环境中学习，不断积累经验，从低级到高级创造出来的。动物没有符号，只对信号作出条件反射；而人把信号改造成有意义的符号。可以说，人生活在文化氛围中，也就是生活在符号之中。

### （二）社会群体性

任何文化都不能脱离社会而存在，并且文化为一定社会群体所共有。个体后天习得和创造的思想、观念等，只有在被他人所接受后，才能称之为文化。文化的社会群体性是有不同层次和范围的，有的文化因素属于全人类，有的仅属于某个民族或地区。属于全人类的文化因素具有人类性或世界性（也称全球性）的特征，属于某个民族或地区的文化因素具有民族性和民俗性的特征。

### （三）复合性

从文化的广义含义来理解，它除了以教育、科学、艺术等为重要组成部分之外，还包括体现在人们物质生活和社会关系中的饮食文化、服饰文化、居住文化、婚俗文化、信仰文化、游艺文化、体育文化等，因此，文化往往与众多领域复合，是复杂的整合体。

### （四）继承性

以奥运会为典型的欧洲竞技体育，在古代延续了一千余年后，虽因战争等因素，曾被迫中断，但在约 1400 年后，近代奥运会重新兴起，虽是间接地继承，但仍可说明竞技体育作为一种进步文化的现象。在我国，各种养生导引术、武术技击、民间游戏、赛龙舟、放风筝等体育活动，经历了几千年的承袭、发展、演变，成为中华民族传统体育的瑰宝，并越来越引起世界的关注。

### （五）时代性

任何文化的发展都具有一定的时代特征。如古代奥运会进行的项目主要是田径、摔跤等个人项目，那是古希腊的民主政治提倡个性解放时代的必然产物；而到了 20 世纪的现代奥运会，则越来越多地增加了各种球类比赛等集体项目，深刻地反映出工业大生产条件下的一种新型人际关系。当今休闲体育运动的兴起，反映了后工业化社会带来的物质文明和生活方式的变革。

### （六）民族性

任何形态的民族文化，都是适应本民族的特点而形成、发展的。例如，我国 56 个民族多数有自己的以民族体育活动为主的传统节日，如傣族的泼水节、苗族的花山节、侗族的三月三、白族的三月街、藏族的藏历年和雪顿节、蒙古族的那达慕大会、彝族的火把节等；侗族的抢花炮、朝鲜族的荡秋千、土家族的摆手舞、藏族的锅庄、纳西族的东巴跳、苗族的跳芦笙、维吾尔族的达瓦孜、哈萨克族的姑娘追等目前仍是各民族极具代表性的传统体育项目，也是民族文化的瑰宝。

# 第三节　体育教育与体育文化的相互关系

体育教学与体育文化之间存在十分密切的关系，二者之间相互影响、相互促进、共同发展。体育教学在体育文化传承的过程中扮演着十分重要的角色，体育文化在体育教学中也存在很大的影响力，因此准确掌握二者之间的关系对双方发展具有十分重要的意义。

## 一、体育文化包含体育教育

### （一）体育教育是体育文化的重要组成部分

体育文化的概念十分广泛，包含很多方面的内容，为了更好地了解它，我们对其进行了详细的系统梳理和分析，把体育文化主要分为以下四种不同存在形式的内容：一是从体育文化诞生传承至今创造和保留下来的体育价值；二是各种各样、丰富多彩的体育活动和技能；三是人们进行体育实践和体育活动所参考的理论知识和经验；四是各类体育活动的设施和场地以及体育行政服务部门。一般来说，体育文化包括传统体育、体育实践、体育教育和体育部门四个部分。体育教育是体育文化的重要组成部分。

### （二）体育教育的发展受到传统体育文化影响

体育文化的发展经历了很长的时间，受到了很多方面的影响，体育文化是伴随着体育教育的开始而产生的，因此传统体育文化会带有民族体育特有的民族观念、民族精神和思维习惯。一般来说，传统体育文化的基本内容大致可以分为传统体育价值观、逻辑思维、体育技能理论知识和体育精神等几部分内容，在体育教育发展过程中，这些内容都会对其教育思想、教学方法和教学内容产生一定的影响和制约作用。

### （三）体育教育发展受到体育文化融合发展趋势影响

随着经济的高速发展和信息时代的到来，人们有更多的机会接触到不同民族和不同国家的文化，不同文化、风俗习惯之间的碰撞也越来越多。人们通过学习和交流，观念和价值观也随之发生改变，在发扬自己文化的优点的同时，也能虚心学习其他文化的优点，这样各种体育文化能更好地相互融合起来，得到更好的发展。

在当今世界社会经济高速发展的背景下，各国的体育文化都在朝着现代化的目标逐步发展，世界范围内各类体育文化之间的碰撞也越来越频繁和激烈，不同的体育文化之间的学习交流机会越来越多，这也对体育教育的发展产生了一系列复杂而深远的影响。

## 二、体育教育在体育文化传承和发展过程中发挥着重要作用

### （一）体育教育是传承体育文化的重要载体

体育文化来源于人类的生产和生活活动，因此体育文化在人们的生活中无处不在，人们会主动开展各种娱乐和锻炼的体育活动。同时体育文化也会在人们无意识的状态下继承和发展。随着现代体育教育体系的形成，学校体育教育成为体育文化传承的重要载体，并且各种各样的体育运动理论、技能、经验在教育教学的过程中得到了进一步的完善和创新，在传承体育文化的同时，也对体育文化的内涵进行了非常有用的延伸。人们在接受体育教育的同时，也接受

了高度概括的体育文化的核心价值，这也保证了体育文化的传承体系没有被破坏，也保证了传统体育文化的传承和延续。

体育文化在我国有着悠久的历史，《史记·苏秦列传》中就记载了齐国临淄人从事过"走狗、陆博、蹴鞠"等活动。随着体育文化和体育事业的不断发展，传统的体育项目被逐步发展和完善，传统蹴鞠运动中使用的球类器材，也使用了更为先进的材料和技术，在发展和变化的过程中，体育教育发挥着至关重要的作用，体育教育也是体育文化得以传承和发展的根本原因之一。

## （二）体育教育促进了本土体育文化与外来体育文化间的融合

体育文化在传承和发展过程中，会受到很多方面因素的影响，如地域、民族等，因此形成了不同地域独特的文化特征和属性。社会经济的快速发展不仅加速了不同地区间的文化和经济交流，而且也就加速了不同地区和国家之间体育文化的相互影响和渗透。

在这个传承和发展的过程中，体育教育起到了保留本土体育文化、加速本土文化与外来文化相互融合的重要作用，具体体现在以下几个方面。

第一，为了保证体育教学的科学性和实用性，在体育教育相关活动正式开始之前，必须要对传授的内容进行审查。在内容整理和审查的过程中，首先要保证保留体育文化中最重要的内容，适当筛选其他外来文化的精华，保留能够与当地体育文化核心价值相融合的内容。

第二，体育教育是一个系统、复杂的过程，除了传授体育知识技能和有效传播体育文化以外，还包含教学反馈信息的收集和整理工作。教师可以根据收集和整理的体育教学反馈信息，有针对性地对体育教学内容进行选择性的调整，从而不断提高体育教学和体育文化传播的正确性和客观性，确保健康体育文化得到良好的传承。

第三，尽管体育教育是体育文化一个比较重要的传承载体，但是在其传承体育文化的同时，也并不是完全照抄和沿用所有的内容，而是需要根据当时的教学环境和体育发展的要求，将我国体育文化的特点和外国体育文化的优点进行有效融合，不断地进行改进和创新，通过这种文化的良好传承和创新，才能保障不断地丰富体育文化的内涵，从而形成具有新的内涵的，满足各方面需求的体育文化。

# 第二章　高校体育教学的现状与发展

体育教学是学校教育的重要组成部分，体育教学肩负着增强学生体质、促进学生身体健康成长的重任，同时体育教学还可以培养学生顽强的意志品质，促进学生心理健康发展，更重要的是帮助学生树立终身的体育观、价值观，所以，对高校体育教学的现状与发展趋势进行研究是十分必要的。本章分为高校体育教学的发展历程、高校体育教学的现状与发展趋势、高校体育教学改革的状况分析三部分。主要内容包括：我国古代体育教学的发展、高校体育教学的现状、高校体育教学改革的内涵等。

## 第一节　高校体育教学的发展历程

### 一、我国古代体育教学的发展

#### （一）原始社会中的学校体育教育

原始人群的生活条件和成长环境都极为恶劣，而在恶劣的环境下为了增加与自然做斗争的本领，原始教育应运而生。原始教育的内容以教授渔、猎、农作等劳动技能和生活经验为主，其中"渔"上出现了工具——骨鱼钩和鱼镖，"猎"中不得不奔跑、跳跃，随着生产力的发展也衍生出猎射和弩射；教育者主要是身强体健且怀有技能的氏族部落首领；教育的方式以简单的口耳相传、观察模仿为主，通过老者言传身教的方式传递给年轻者。原始社会的教育带有浓厚的体育教育特征，显示了体育是在人类社会长期的劳动和生产过程中出现并逐步发展而来的。

## （二）奴隶社会中的学校体育教育

### 1. 夏、商时期的学校体育教育

约公元前 2070 年，我国历史上第一个王朝——夏建立。夏朝的最高统治者为了政权的稳定，创建了学校，培养自己的子弟。据古籍记载，夏朝的学校有"庠""序""校"三种形态。"庠"是继承原始社会虞舜时代的，主要用来进行道德、经验、知识的伦理教学；"序"原作练习射箭场地，已成为军队进行身体训练的场所；"校"最初是一个养马的地方，现已成为表演和摔跤的场所。三种学校虽然在形态上有所区别，在授课内容上不同，但都体现出学校体育服务于统治者巩固统治的需要。商朝时已有了学校教育制度，且出现了新的学校形态，古籍记载称之为"瞽宗"。在甲骨文字的记载中，"瞽宗"是主要进行读、写、算等一般知识教学的场所。而通过对甲骨文中象形和会意字的研究发现，体育教育成为商朝学校教育的重要内容。

### 2. 西周时期的学校体育教育

西周时期的学校教育制度承自夏朝，并呈现出"学在官府"或"学在官守"的特点。因此西周的学校分为两大类别，即国学和乡学。二者在学生来源上呈现较大的差别，国学的学生主要来自中高级的贵族子弟，乡学的学生主要是下级奴隶主和平民百姓的子弟。国学由小学和大学组成，乡学则以"庠""序""校""塾"等小学形式存在。然而，不论是国都学校还是乡镇学校，其在授课内容上都以"六艺"为基础的教育内容，主要是由于分封制下的"天子共主"，统治阶层在国家控制上的统一性。

作为西周各类各级学校教育基础内容的"六艺"，已形成了"文武合一"的学校教育内容。而包含体育课程较多的则是"射""御"和"乐"，三者在教学环节和教学目标上充分显示出西周时期学校体育教育组织严谨、章法分明的特点。"射""御"和"乐"以教育教学为基本方式，以日常身体训练为基本手段，寓德育于体育之中，在学校教育中充分展现了体育的职能和作用。

### 3. 春秋战国时期的学校体育教育

春秋战国时期是我国历史上两种社会制度的过渡时期，奴隶制处在崩坏边缘，封建制度尚未建立。但社会发展并未停下前行的脚步，一种新兴的阶层——士悄然出现，并对文化和教育领域产生影响，"学在官府"发展为"学在民间"，私学得到了进一步的发展。当时较有建树的有儒家、道家、墨家、兵家、医家和阴阳家，其私学中体育的发展和体育思想的呈现对当时和后世的影响较为深远。各家私学在大力宣扬自家政治主张的同时，也展现了各自不同的体育教育思想，而且其都十分默契地强调了体育的重要性，表明各家在人才的选拔中注重文和武的结合。即一位优秀的人，必须在"文"上有所才能，同时在"武"上也必须拥有一定的本领。春秋时期确立的"文武兼备"思想为我国学校体育的发展奠定了基本思想，各家体育思想的争鸣也为体育文化的繁荣做出了极大的贡献。

## （三）封建社会中的学校体育教育

### 1. 秦汉三国时期的学校体育教育

秦汉三国时期是中国封建社会制度基本形成和初步发展的重要时期，社会政治、经济和文化都出现了较大的变化，尤其是农业、手工业和商业的发展，带来了城市的初步繁荣，在一定程度上促进了科学文化的发展。但随着封建政权的确立和早在春秋战国时期就已显现的"重文轻武"思想的影响，汉武帝即位后便实行了"罢黜百家，独尊儒术"的政策。随着"罢黜百家，独尊儒术"思想的确立，在学校的教育中"五经"成为教育的主要内容。当时采取重视社会教化的重大举措，使得"五经"中的《礼经》成为儒家进行体育教育的基本模式。当时另一重大举措是官员的举荐、选拔制度，以精通经术为标准，故而文人墨客都提出要"去武行文，废力尚德"，并在实际中积极推行。因此，在学堂里一些活动量小而非对抗性的体育项目为文儒雅士所推崇，如投壶、弹棋。作为学校教育重要内容和儒家经典的"五经"，因为《乐经》的失传，儒家的体育教育大为逊色，内容也删减了许多，导致学校体育逐渐走向衰落。儒家所倡导的文弱之风对当时的体育教育价值观也产生了极大的影响。儒家片面讲究外表举止斯文羸弱的容态美，使得体育成为"不急之末学"。东汉时期重文轻武思想愈演愈烈，社会上普遍认为从军或行武不论是在政治上还是在经济上，均无实惠可言。社会上几乎无人进行身体训练，重文轻武的社会风气已初现端倪，成为这一时期学校体育教育的发展的阻碍。

### 2. 两晋南北朝时期的学校体育教育

两晋南北朝时期各国处于战火不断、领土争夺不停的状态下，致使文化教育事业的发展形成了战斗区和非战斗区差异极大的局面，尤其是体育的发展。在北方，长期的战乱使得人们远离了正常的生活，社会经济发展遭受重创，也阻碍了北方地区教学场所中体育文化的发展，成为我国古代体育发展史上的低潮时期。在南方，主要以经济发展为主，为后期体育的发展创造了重要的物质基础。

魏晋时期，社会动荡不安，政治、经济、文化的发展受到阻碍，社会进步的速度大大降低。此时的学校教育较为混乱，在官学中几乎排除了体育教育内容，"重文轻武"的社会风气极其严重。而在南北朝时期，民族矛盾的不断激化及北方少数民族文化的融入，抑制了重文轻武的风气：一是少数民族尚武、豪放的精神风貌对文弱之风盛行的南方人士造成了极大的冲击，南方士族也受到了潜移默化的影响；二是少数民族的妇女在家中和族中受到尊重，南方妇女积极开展体育锻炼。

战乱频繁必定伴随着统治者阶层对军事武艺活动的重视，两晋南北朝时期军事武艺得到了一定的发展。习射拥有众多的人口，其中射技高超者也是良多，且大多数在童年时期就跟随教师或家中长辈进行射箭学习，长时间练习且及早开蒙让其拥有娴熟的技术。狩猎是展示射箭技艺的绝好舞台，而统治者往往会对射箭出众者进行奖赏，这对射箭技术的发展起到了一定的推动作用。在军事训练中，以跑、跳、投为代表的陆地训练技能和以游泳为代表的水上训练技能都属于身体教育的一部分，而由于社会动荡、战事频仍，在这些技能上有突出的表现者，往往更易在战争中获得军功，颇受统治者的重视。两晋南北朝时期所形成的崇尚武艺和军功的社会氛围，使得人们拥有对体育和身体训练的观念，成为隋唐时期"开放进取"社会风气形成的基础。

3.隋唐五代时期的学校体育教育

在经历了南北朝时期多年民族战争之后，在国家安定、社会经济繁荣的局面下，隋唐统治者通过一次次的战争激战意识到军事实力强大对王朝的长盛不衰的重要性，因此在建国之后十分重视普通民众和军队人员的身体教育训练、武器装备，隋唐时期的体育教育得到了一定程度的复兴。

隋朝立国时间不长，但其在教育制度上较之前朝有很大突破性的就是创设了管理教学场所的教育行政专职部门，即"祭酒"，专掌教育事业，这是建立专门教育行政长官的开端。唐朝的官学主要教授的内容是儒家的经学，还有专门教授人文社会科学的教育场所，如专门教算学、医学、天文学等的教学场所。唐朝的教育事业较为发达，除官学外，还存在一定数量的私人讲学和蒙学。不论是官学还是私学，军事训练和体育科目在其授课内容上都占据很少的比重。

促进隋唐时期学校体育发展的重大因素是唐代武举制度的创立。武举同文举一样，即用考试的方法来选拔武官。根据对隋唐时的古籍记载的分析，现有研究认为武举的考试内容大致有三部分：一是测试武艺技术，主要是射箭和长枪；二是测试力量和体力，即翘关和负重（即举重和负重行走）；三是测试身材和言语（即身长和答策问）。准备应试武举的人，就如同现在社会竞技体育预备队的队员一样，从小开始习武，锻炼身体，为体育教育的发展打开了新的形式。武举作为一种国家制度化选拔人才的机制，在其推动下，社会习武之风盛行，一些文人学士也纷纷摒弃对习武的刻板印象，着手习武应试。统治阶级对这一举动予以肯定，并给予极大的鼓励和支持，使得社会上出现了一批文武兼备的人才。

唐朝时期首创的武举制度，在千百年来人们学得一身本领报效国家的观念下，引起了广泛的关注，调动了人们武艺学习的积极性，有力地推动了民间习武活动和社会"尚武"观念的快速发展。伴随着武举制度创立而产生的武艺教育更是促进了学校体育教育的发展，同时为唐朝的军队建设和朝政稳定培育了大批武勇人才，对古代中国身体教育和体育教育的发展也具有特殊的意义。

4.宋辽金元时期的学校体育教育

北宋成为继隋之后又一个结束国家长期分裂局面的朝代，国家统一，社会稳定，为经济和文化教育的开展提供了条件，尤其是长时间战乱后，随着市民阶层的扩大，教育活动和体育活动都拥有了更好的发展空间。辽朝和金朝一样，都是多民族组成的国家，在体育活动上呈现出民族的特色，且在民族交往融合中有汉化的趋势。民族的大融合在元朝时期表现得更为明显，在体育方面表现为继承和发展了元代以前的许多体育成就，因此出现了军事训练和身体教育等多种活动共同协调发展的形式。

宋仁宗时期（公元1023—公元1063年），宋朝统治区域的边陲地区战乱不断，统治者深感军事人才的匮乏，便由朝廷出面设立了培养能带兵打仗的教育教学机构，即武学。宋代武学的招生途径为每三年招一期，选拔文武官员中谙熟兵法的战略决策者；武学生的生源有一定的限制条件，入学者需是大臣命官的子弟或门生，或由京城官员做担保的中小地主子弟。武学的教学内容以理论与实践相结合为主，理论部分以军事理论为主，并且为武学制定了专门的教材《武经七书》；实践部分包括身体训练技术和军事指挥，教学内容经过发展不断完善，朝廷将给学生一定数量的兵卒，让武学生进行实际训练操用，提高他们的军事实践能力即军事知识的运用水平。虽然统治者对武学教育与管理的重视，很大程度地促进了体育教育的发展，但武学制度的教育价值观归根结底还是为国家培养武备力量和军事人才，是为了应对战事、巩固政权的需要。辽金元时期的体育教育发展相对赢弱，主要是由于其大多由北方少数民族构成，一些民族还存于原始社会的朴厚民风，进驻中原后，还处于一个不断学习吸收其他民族优秀文化的阶段。其中金朝统治者对宋朝的武举制度进行继承，且更为严格和更加公正。武举的延续，也是各少数民族"尚武"精神延续的重要原因之一。

宋时期的统治者对军事武艺给予重视，创立武学，创办专门习武的学校。而宋代在政治、经济、文化上的发展也给予体育一个较好的发展氛围。但随着"程朱理学"的兴起，体育文化受到的压制，重静坐轻活动的思想形成，重文轻武的观念进一步发展，宋代也成为中国古代体育衰退的开始。

5.明代时期的学校体育教育

明建国初期，能够汲取金、元入主中原的教训，强调文武兼备，尤其重视对射箭技术人才的培养，在全国的教学场所内增添习射之场，要求身体教育的内容必须有射箭。明代同样延续了宋朝时朝廷出面设立培养能带兵打仗的教育教学场所的做法，先后建立卫儒学、京卫武学、三镇武学，并逐步完善。

卫儒学设于洪武年间，设立的初衷是希望改善由于武官世袭制所导致的朝廷缺乏可用武官的局面，因此其教学对象，即受教育者为武官及其子弟。虽然卫儒学的教育内容仍以"四书五经"和《武经七书》这种理论性的知识为主，但其提出的对武官及其子弟的严厉惩罚和相应的措施提升了武官子弟习武、学文的风气，保证了明初武官的素质。京卫武学设于建文四年（1402），以两类教材教授武生：第一类是儒家经典；第二类是《武经七书》和《百将传》。虽然统治者设立武学是为了提升武官的素质，但统治者并未明令要求其子弟必须成为武官，因此在重文轻武的社会大环境下，很多武官子弟选择参加文举。这一现象引起了诸如戚继光等社会良知人士对武官教养体制的思考，开始了建立新武学的努力。三镇武学设立于隆庆五年（1571），其教学内容紧跟将领之才培养的需要，在教授诸多军事理论的基础上，辅以军事理论以实际军事指挥操作，培养了一批较为优秀的武官人才。

明代卫儒学、京卫武学、三镇武学的不断完善与发展，也是当时的教学场所和体育教育不断发展完善并走向制度化的过程。明代所延续并不断创新发展的武学与武举，不仅培养出了优秀的武官人才，也对社会习武风气的形成有一定的促进作用，同时促进了以武术为教学内容的学校体育的发展。但值得注意的是，卫儒学、京卫武学、三镇武学的教育对象皆为武官子弟，明代武学也可称之为一种武官子弟学校。随着封建社会的延续，中央集权的高度集中，古代学校体育逐渐在走下坡路。

6.清代时期的学校体育教育

清朝的统治者奉行入乡随俗的政策，在入主中原的当下，就延续了明时期的武举政策，且由统治者下诏本年即举行武举，为朝廷吸纳更多的人才。但其并没有建立专门的武学，只是在正常的教学场所中进行武艺教学和儒家经典的学习，也形成了具有清朝特色的系统化的学校教育体系。

清朝所设立的官办学校，在教育对象上具有明显的阶级划分和君臣划分，且在京城的国学只接受满族子弟。觉罗学的受教育对象阶级最高，以皇族统治阶级爱新觉罗氏的子弟为主，这也是觉罗学名称的由来，其以满书、汉书（经史）和骑射为主要教学内容。宗学受教育对象的阶级次于觉罗学，以宗族内的子弟为主，宗学也被称之为皇族子弟学校，其教学内容以清学、翻译和骑射武艺为主。八旗官学的受教育对象次于宗学，满族以八旗作为军队和户口的编制制度，八旗官学是八旗子弟的学校。三类学校虽然阶级属性较强，但在教育内容上都是不仅教文，而且教武，且侧重于武的教学，此种办学价值观对身体教育和体育的发展有积极影响。以上三类学校虽然有明显的阶级属性，但其仍是朝廷设立、地处京城的教学场所。朝廷在各州府县也设立了教学场所，学习内容以骑射、《武经七书》《百将传》和《孝经》"四书"等为主。随着清朝入关对武举的高度重视，体育教育在官学中得到了较好的发展，且由于古代中国的宗族观念较强，习武群体具有很强的家族性或宗族性，社会渐渐出现了凭借武举出身的武官家族。但伴随着后来因政治原因而荒废的内场的策、论考试，注定了后来武举制度的废止。1840年的鸦片战争极大地挑战了古代中国延续已久的人才培养、选拔条例制度，迫使国家和政府不得不取消武举和武学，寻求培养适合社会发展的军事人才的学校体育教育体系。

## 二、我国近代体育教学的发展

### （一）清末学校体育的发展

在清末"新政"的实行过程中，有关废除科举、新兴学校等改革及章程的颁行，标志着在中国一种新的教育制度的初步确立，也标志着近代学校体育课程在中国第一次列入教育制度中，体育课程的设置也开始在各级各类学校中固定下来。随着近代体育教育制度的初步建立，以早期体育师资培养和体育组织与运动竞赛在各学校中的建立、开展为标志的近代学校体育开始得以实施。

《奏定学堂章程》颁布后，新学堂的增加、学生人数的激增及"体育科"

作为各级学堂的必修科,体育师资的来源就成了这一时期的突出问题。1906年清廷学部通令全国各省于省城师范学堂"附设五个月毕业的体操专修科,授以体操、游戏、教育和教授法等,名额百名,以养成小学体操教习"。早期的体育师资教育主要是由一部分留日学生回国创办的,教育形式有:短期体育教师训练班、传习所、公私立体育专门学校和体育专修科。这些学校的性质主要分为:官方体育学堂、团体或个人兴办的体育学校和民主革命党人兴办的体育学堂。代表性的人物主要有:在浙江绍兴创办大同师范学校的徐锡麟、陶成长,1908年在上海创办中国体操学校的徐一冰、徐傅霖和1907年在上海创办中国女子体操学校的王季鲁与徐傅霖之妻汤剑娥。然而,受当时条件的限制,这些学校输送的每批学员中,多数采取一年半载速成式教学,质量不高,数量有限,但它对当时近代学校体育的具体实施做出了一定的贡献。

运动竞赛的举办为新兴学校体育的发展在近代学校体育的实施过程中创造了条件,除了以培训师资充实新兴学校、提高教学质量外,各级各类学校还不断举办各种校际的运动会。例如,1898年,由北洋大学总办王绍权和总教习英国人丁嘉立倡议,举办了中国近代历史上最早的校际运动会。1903年举行的"烟台阖滩运动会",由于沿海地区与海外交往比较便利,学校体育的发展也较迅速,在他们的推动下,校际运动会渐多,项目也增加,如1906年的湖南长沙运动会,增加了武术表演。而1907年在南京举办号称"江南第一次联合运动会"的"宁垣学界第一次联合运动会"则是当时规模最大的一次校际运动会,共80余校参加,有游戏、体操类等69个项目。近代学校体育在我国的实施,标志着我国学校体育进入一个新的时期。从师资培训到运动竞赛的开展,在内容和形式上虽多学瑞典、德国、日本,目的也是为了"尚武""强兵",但活动中开展的一些田径和球类运动,逐渐使中国近代体育完善起来,为我国近代学校体育发展进入新阶段创造了条件。

## (二)民国时期学校体育的日益完善

民国政府的各种教育法令促进了学校体育发展的日益完善。1912年1月,孙中山在南京城里的临时政府设立了教育部,颁布了《普通教育暂行办法》《普通教育暂行课程标准》等法令。1912年9月又公布了新学制"壬子学制"。之后又陆续发布的几种学校法令因与"壬子学制"不同,于1913年合并称为"壬子癸丑学制"。在这一新学制中,把学堂改称为学校,学制比清末的"癸卯学制"缩短了三年,规定男女有受平等教育的机会。它与教育部公布的各级学校法令一起对各级学校的体操作了规定,即小学学制分为初等小学四年,高等小学三年，初小设七门课程，其中有一门为体操课，一、二年级的体操课和唱歌合并，每周四小时；三、四年级体操课每周三小时；高等小学体操课各学年均为每周三小时。体操课内容规定初等小学宜授游戏，渐及普通体操；高等小学宜授普通体操，加时令游戏，男生加授兵式体操。

中学学制四年，开设体操课，男生每周体操课三小时，女生每周二小时。体操课的目的是"在使身体各部平均发育，强健体质⋯⋯"。体操内容分为普通体操、兵式体操两种（女子中学体操课免兵式体操）。师范学校的体操课与中学校基本相同，时间上男生每周体操课为四小时，女生前三年每周三小时，第四年为二小时，内容以普通体操、游戏及兵式体操为主，并注重学习"教授法"。高等学校规定学制预科三年，本科三年。各学年每周体操课三小时，包括普通体操、游戏及兵式体操，大学不设体操课。

从上述各体操的内容看，学校体操仍沿袭清末，政府的教育宗旨仍重视军国民教育。但随着西方传入的各种竞技运动项目在课外广泛的开展，内容增加了田径和球类运动。教育部明文规定了在学校课外设立体育活动和组织运动竞赛，田径、球类、游戏等运动在课外有了合法地位，并在学校中迅速发展起来。可见，"壬子癸丑学制"对当时学校体育的发展起了一定的推动作用。

### （三）近代末期学校体育的逐渐成熟

1.新学制的颁布使学校体育教育趋向专业化

新学制是指 1928 年国民政府教育部公布的"戊辰学制"。它公布了一系列有关学校体育的法令，如 1929 年的《大学组织法》《专科学校法》；1932年的《小学校法》《师范学校法》和《职业学校法》等。这些法令和新学制的公布使得学校体育的体制得以完整地建立起来。与此同时，一些有关体育课程和体育教授标准与细目如《初级中学体育课程标准》《高级中学普通科体育课程标准》《暂行大学体育课程纲要》及《初中女生体育教授细目》等相继公布。这些"标准"与"细目"可以说包括了学校体育的各个方面，如教学内容、活动时间等。这在一定程度上反映了当时体育学者的某些构想与愿望，标志着学校体育教育向专业化方向发展的趋势。但"放羊式"体育教学和"选手体育"一方面放弃了教师的主导作用，另一方面也助长了锦标主义的泛滥，导致了学校体育的畸形发展。

2.体育师资的培养为近代学校体育的成熟创造了条件

体育师资的培养主要有四个方面的途径：一是派送留学生（美、德、日、法等），这是当时进行师资培养的主要途径之一，他们出国培训的类型有三种：国民党政府当局派送的公费留学、教会学校保送和通过私人关系自己去国外；二是开办大学体育科（系），最著名的培养体育专业人员的场所是国立中央大学体育系（科）；三是举办短期训练班；四是开设一些私立的大学体育系（科）和体育学校。尽管在师资培训过程中因各种原因存在一些腐败现象，但它仍然对近代学校体育逐步走向成熟创造了条件。

### 3. 体育学校的大量涌现使近代学校体育走向正规

由于"新学制"的颁行、学校体育的变化以及女子体育的逐步实施，1912—1927 年，许多培训体育师资的体育学校以及培养体育专业人才的体操学校和体育专修科大量地涌现。例如，1915 年创办的南京高等师范学校于 1916 年开设的体育专修科等，学校的课程设置较前有了改进，使体育专业教育有了较大的发展，这些学校的出现标志着近代学校体育开始迈向正规化。

## 三、新中国成立以来体育教学的发展

### （一）全面学苏与"僵化复制"

#### 1. 时期背景

新中国成立初期，我们国家处在从新民主主义革命向社会主义的过渡阶段。面对一穷二白、百废待兴的局面，我们国家急需建立完整的国民经济体系，发展工业,扭转落后的经济面貌。在当时的特殊国情下,党和政府必须对现有的人、财、物在集中控制管理下进行资源配置，实施高度集中的社会主义计划经济体制。历史也证明了计划经济体制在快速发展国民经济、缓解社会矛盾方面的有效性。当时特殊的国际形势迫使我国实行"一边倒"政策，在政治、经济、军事、教育等许多领域借鉴、甚至是"照搬"了苏联模式。

#### 2. 学校体育的发展情况

建国早期，毛泽东曾针对学生健康状况差的问题做出过"健康第一、学习第二"的指示；1951 年政务院发布《关于改善各级学校学生健康状况的决定》，强调学校体育的重要意义。1952 年，教育部和中央体委联合颁布的《学校体育工作暂行规定》中明确指出，"我国学校体育的基本目标是：促进学生身心发展，增强体质，并对学生进行道德品质的教育，使他们能够很好地完成学习任务，从事社会主义建设和保卫祖国。"为了达到这目标，1952 年教育部设体育指导处、团中央设立军事体育部，1953年各省、自治区、直辖市教育部门相继成立体育机构，我国的学校体育管理机制基本形成。同时，在1952—1956年之间，教育部先后颁布了《各级各类学校教育计划》和各教育阶段的体育教学大纲草案；国家体委颁布《准备劳动与保卫祖国体育制度》。依据教育部规定，从小学一年级到大学二年级，均开设体育必修课，每周两学时，以保证学校体育目标的实现。这些文件对规范学校体育工作、增进学生健康等方面均起到了积极作用。总体上，这一时期的学校体育以体育生物科学和教育科学为基础，模式上照搬苏联的"劳卫制"。具体实践过程中，在加强学生的共产主义教育同时，重点关注学生的体质，提倡强身健体、保家卫国。整体体现为健身性、教育性和阶级性三个典型特征。只是在照搬苏联模式的过程中，也出现了一些不结合中国实际的情况，导致了一些问题。

### （二）社会主义建设初期的初步探索和曲折前进

#### 1. 时期背景

反"右"扩大化和"大跃进"从1956年9月中国共产党第八次全国代表大会召开到1966年"文化大革命"开始之前，是我国社会主义建设的前十年，也称社会主义建设初期。由于缺乏足够的经验，我国在摸索中建设社会主义的初期也出现了一些问题，比较典型的在于政治上错误估计了革命和阶级斗争应该占据的比重。其中，反"右"改变了中共八大上形成的关于社会政治形势的正确判断，为后来的"文化大革命"进行了从理论到实践的"预演"。经济上，发生了一系列的典型事件；还遭遇了国际上的形势变化和自然灾害影响。教育、"中国体育"、（学校）体育也随着国家在政治、经济、文化等方面的系列浮沉艰难曲折地前进。

另外，反右扩大化对于知识分子打击沉重，严重摧残了他们的身心健康。间接导致了严重的个人崇拜主义膨胀。从较长的时间范围看，反右扩大化以及之后的"文化大革命"严重损害了社会主义民主，压制了知识分子乃至广大人民群众的政治积极性，堵塞了言路。

#### 2. 学校体育在政治、经济背景冲击下的发展沉浮

1957年3月，教育部下发《关于1957年学校体育工作的几点意见》，对规范体育教学、保证体育质量提出了要求。同年5月，高等教育部下发《关于高等院校一、二年级学生体育课不能改为选修课程的通知》，强调指出："高

等院校学生的体育课是必修课程，各校应根据本校条件，积极加强体育课的教学工作，提高教学质量。"以及"凡已经把体育课免修或者选修的院校，应立即在今年暑假开学时恢复起来。""大跃进"时期，学校体育也一度出现违背教育规律、脱离实际的错误做法，"浮夸风""瞎指挥"盛行，片面强调大运动量训练。例如，1958 年《体育运动十年发展纲要》，要求"在 10 年内全国有 4000 万人通过劳卫制，800 万人达到等级运动员标准，出现 5000 个运动健将"等。事实上，这种违背生理发展和体育锻炼规律的做法很快反应在学生的身体状况上，加之三年困难时期粮食短缺、许多学生营养不良。学校和管理部门为了达到所谓的"高指标"，又滋生了虚报数据的现象。到 1959—1961 的三年困难时期时，由于粮食短缺导致大量的学生营养不良，部分学校停上体育课，部分学校每周只上一节体育课，有的学校只保留了早操。

　　1960 年冬开始，在"调整、巩固、充实、提高"八字方针指导下，教育部门在认真调查研究的基础上，先后制定、颁布了《高教六十条》《中学五十条》和《小学四十条》，对各级学校教育工作进行了规范化管理。1961 年，教育部重新修订学校体育教学大纲。新大纲试图缓解当初照搬苏联经验过程中所犯的错误，开始关注国情和学生的兴趣爱好。另外，为了服务生产和国防建设需要，学校体育中还增加了军事体育项目，包括射击、游泳、防空、投掷、通讯联络、军事野营、越野跑、攀登、武术等活动。新大纲主要是针对中小学体育的教学内容、方法和组织形式的调整，普通高校的公共体育教学开展仍以苏联的"三基"体育为指导。在上好体育课的同时，各级各类学校的课外体育活动和业余运动队也逐渐开始发展。高校的课外体育活动发展尤为迅速。形式上以在班级、年级、院系组建各类运动队，开展多种比赛活动为主，而且比较频繁。只是，由于专业体育师资匮乏，许多高校的运动队在训练上缺乏科学指导。为了尽快提高锻炼效果，盲目加大运动量导致运动损伤的情况时有发生。在学习解放军"一不怕苦、二不怕死"精神的热潮中，很多学校组织了不太适宜的大运动量锻炼和较长时间的野外活动，在当时的学习负担重、社会活动多的情况下，增加了学生的压力。这种情形持续到 1965 年毛泽东"七三"指示提出，高校对课外体育活动进行了调整，重新加强了体育课教学。整体上看，"文革"之前的五年里，全国认真贯彻教育方针、执行新教学大纲，体育教学有章可循。

### （三）"文革"时期的整体性破坏与倒退

#### 1.时期背景

众所周知，1966 年 5 月至 1976 年 10 月是新中国历史上的"文化大革命"（下简称"文革"）时期。1966 年 5 月 16 日，中共中央召开的政治局工作会议通过了毛泽东主持起草的《中国共产党中央委员会通知》，即《五一六通知》。从此"文化大革命"席卷全国，直到 1976 年毛泽东去世，"四人帮"被粉碎，这场文化浩劫才结束。在这十年期间，尽管曾经有着一定的调整和改变，但是"一切以阶级斗争为纲"无疑是十年来一切活动开展的最高指示。在"极左"思潮支配下，群众体育也曾显现出过一段时间"畸形的兴盛"。"文革"期间几乎全面否定新中国成立前 17 年确立的教育制度和其他成果，学校教育工作全面停顿"整改"——"以批判资产阶级教育路线、改革教育为名，任意缩短学制，改变教学组织形式、教学计划和课程，取消考试、考核及学校的各种规章制度等"，除了保留基础教育，大学停办，取消研究型人才和留学生培养；后转为强调招收面向基层的工农兵学员上大学。由于"文革"期间"极左"思潮泛滥，"无政府主义"和"读书无用论"盛行，许多青少年学生参加串联、武斗、"造反"。各级各类学校一度陷入无政府状态，教育行政管理和教学工作全面瘫痪，科学研究工作曾经全部停止。"文化大革命"下的"教育大革命"，否认全民教育、人的发展之类的教育理念；尤其对高等教育造成了致命的破坏。教师行业受到的冲击最大，许多知识分子被斗争、迫害或者下放农村劳动改造。大量图书和珍贵文物被损毁。"文革"期间也进行了部分院校调整，完全在主观意识控制下的调整，计划包办到了极端，校系二级管理也并不是类似于校院二级管理的模式，凡事需要逐级上报审批，行政色彩占据主导地位，学校和系两级管理都没有实权，大多数时候都是政府在"发号施令"，学院制彻底崩溃。很多学者在梳理体育发展史时往往会掠过"文革"时期，可是"文革"时期对于知识分子的打压和迫害；以及这段特殊时期的政治敏感沿袭，导致了 20 世纪 90 年代知识分子对于国家体育政策质疑时再次被打压；或许从根本上阻碍了中国现代体育科学体系的确立。

#### 2.学校体育的破坏、扭曲与恢复

在这个时期，我国的学校体育也在"浩劫"中浮沉。"文革"初期，随着教育系统的瘫痪，正式体育活动被全盘否定和破坏，体育教师队伍备受摧残。

"复课闹革命"之后，学校体育被扭曲化利用，与"劳动教育""军事训练"相捆绑，"以劳代体""以军代体"成为当时的主流思想，学校体育又回答"军国民体育"的道路。1971年后学校基本恢复了课堂教学，各省自定课程、自编教材，都设置了体育课，但实际上是"军事体育"。开展军事体育的任务除了"以阶级斗争为纲"，强调向解放军学习，培养"一不怕苦、二不怕死"的革命精神外；还包括掌握一定的军事体育的基本知识和技能，增强体质等。在当时的舆论环境下，编写的体育教材中"穿靴戴帽"地添加了许多政治口号、"毛泽东语录"以及军事化训练的内容；具体包括队列练习、射击模拟、球类、体操、武术（军体拳、红卫兵拳）等。教学过程中也逐渐朝着军事化训练方向发展。1972年之后，随着国家政治形势的调整，部分国家领导人在1973、1975年对教育、体育进行了整顿，学校体育才稍有好转。整体看来，这个时期的经济、文化建设等基本上都处于混乱、停滞甚至倒退状态。但是从某些程度来看，这一时期以"劳动、军事体育"等形式存在的学校体育活动反而比以往开展的更"热烈"。学校中的"军体课"及后来发展起来的竞技体育活动，在当时比较受青少年学生欢迎。但学生对于真正的体育基本知识体系知之甚少，也缺乏技能练习或科学锻炼知识，身体素质下降严重。在不发达省份或者县以下的地区，由于师资、设施奇缺，"放羊式"体育课十分普遍。

### （四）拨乱反正时期学校体育的恢复和讨论

#### 1.时期背景

1978年12月18日—22日，党的十一届三中全会召开，根据邓小平同志的指示讨论把全党的工作重点转移到经济建设上来。在思想路线、政治路线、组织路线、大是大非问题上面实现了拨乱反正。1979年4月，中共中央提出对整个国民经济进行"调整、改革、整顿、提高"的方针。这一时期，国家体委对于全国体育运动的主管地位完全确立。1980—1982年，国务院对体育管理体制进行了调整。一是撤销军体局，不再分军事体育和一般体育。二是国家体委下设训练竞赛一司，成立各单项运动协会。自"文革"中后期开始的"乒乓外交"和业余体校的成立，带来了中国体育的复苏契机。"乒乓外交"将体育在国际政治和对外关系上的重要作用凸显出来。广大人民群众再一次认识了"体育"的政治功能和影响。（必须注意的是，社会大众理解的"体育"是以竞技运动内容为主的Sport"体育"。）国家体育工作发展总目标是：发展体育运动，普及与提高相结合；工作重心上，以竞技体育为先导，重点抓提高。学校体育工作目标以"增强体质"为主。同时，关于体育的概念、科学理论体系以及学科归属等问题，学术界展开了多次讨论，我国"体育"的广义和狭义定义正式提出。

2.学校体育的规范化发展

"文革"运动结束后，教育领域在邓小平的重视和领导下进行了"拨乱反正"，全国的教育系统逐步恢复。1978年的《中华人民共和国宪法》中第13条规定："使受教育者在德育、智育、体育几方面都得到发展，成为有社会主义觉悟的有文化的劳动者。"同年，国务院批转国家体委《1978年全国体育工作会议纪要》中明确指出："要坚持普及与提高相结合的原则，进一步广泛开展群众体育活动，重点抓好关系两亿青少年健康成长的学校体育工作。"各级学校体育工作逐渐实现规范化发展。1978—1979年教育部先后重新修订、颁布了《体育教学大纲》《高等学校普通体育课教学大纲》。1979年5月全国学校体育卫生经验交流会在扬州举行。曲宗湖指出："1979年扬州会议重新确立了学校体育卫生工作的重要地位，为学校体育卫生工作的进一步发展奠定了思想基础，是具有里程碑意义的会议。"会议做出"衡量学校体育好坏唯一标准是学生体质是否得到增强"的决定。同年，国家体委、教育部联合相继发出《全国学生体育运动竞赛制度》《高等学校体育工作暂行规定（试行草案）》以及《关于在学校中进一步广泛施行〈国家体育锻炼标准〉意见的通知》。据1984—1985年教育部、国家体委、卫生部、国家民委联合组织的对全国29各省、市、自治区的7～22岁大、中、小学生的体质与健康调查结果，学生体质、健康状况仍然存在较大问题：学生体型继续向细长型发展，体重不足的问题较突出，男生占28.9%，女生占36.16%；视力不良的问题相当严重；身体机能等方面也不同程度地存在着各种问题。尽管学生体质问题已经明显暴露出来，但是此时无论学术界还是政府部门，主要将体质下降的原因归结为文革"十年浩劫"期间学校体育的彻底瘫痪、体育思想被干扰和营养卫生条件不足等。

## （五）转型期竞技体育优先发展及学校体育目标多元化

1.时期背景

社会主义初级阶段的建设过程中，我国先后经历了有计划的商品经济时代和市场经济时期。其中，政治因素对于学校教育、体育的影响主要围绕着我国所处的国际形势而变化。在中苏关系恶化、"中日""中美"建交之后，我国主要学习借鉴美国、日本的教育理念；到 20 世纪 80 年代后期中美关系紧张，则又去学习东欧的教育模式。改革开放之后，西方各类文化思潮涌入中国。中国传统的文化价值观和建国早期的红专思想受到了西方的"实用主义""功利主义"等系列冲击。学术界围绕各类教育思想展开了多次讨论，在一定程度上促进了我国学校体育教学内容和目标的发展。必须重点说明的是，20 世纪 90 年代，尤其是 1992—1999 年这个阶段是改革开放和社会主义市场经济探索建设时期。随着综合实力的不断提升，我国的内外政治环境日趋稳定，社会经济、管理体制不断改革调整，社会文化在国外文化的冲击下催生了多元化的价值观，教育系统和高校发展等方面也都进行了许多关键性的改革和调整。因此这个时期也是学校体育内容、特征、目标乃至问题发生转型的关键过渡期。

2. 改革开放下学校体育的新进展

1987 年教育部再次修订了学校体育教学大纲，首次提出了"发展学生个性"和"使学生懂得锻炼身体的基本原理和独立进行科学锻炼身体的方法，以适应终身锻炼身体和生活娱乐的需要"等新观念。整体看来，改革开放之后，在国外思潮的影响下，我国体育思想日益多元化，管理制度不断完善，学校体育教学模式、组织结构和教学方法、手段上也相应进行改革、调整。受学校体育整体效益观影响，学校体育目标逐渐从"增强体质"向多元化方向发展。1990 年，国务院颁布《学校体育工作条例》，学校体育工作的基本任务是："增进学生身心健康、增强学生体质；使学生掌握体育基本知识，培养学生体育运动能力和习惯；提高学生运动技术水平，为国家培养体育后备人才；对学生进行品德教育，增强组织纪律性，培养学生的勇敢、顽强、进取精神。"这是自 1979 年的《大、中、小学校体育工作暂行规定》之后的又一重要文件，学校体育的地位得到巩固和提高，并逐步走向科学化、规范化、法制化。另一方面，20 世纪 90 年代前后的课外体育活动和校园运动竞赛也十分活跃。受"体育强国"的"竞技体育举国体制"影响，校内、校际运动竞赛活动十分多样，各种对抗赛、邀请赛、选拔赛、表演赛、等级赛、通讯赛和运动会层出不穷，全国（以及省、市各级的）大、中学生运动会制度逐渐形成。

## （六）"应试"导向下的学校体育及不同教育阶段的差异化

1. 时期背景

政治、经济相对稳定之下的群众体育发展趋势进入新世纪后，国际政治、竞技环境发生巨变。我国的社会主义市场经济体制已经牢固建立，人们的经济水平和认知能力得到大幅度提高。一方面，人们对竞技体育的关注更加理性，主要是享受参与或者观看竞技比赛时带来的愉悦感，不再对金牌盲目崇拜。另一方面，群众体育快速发展，能够自主参与体育锻炼的人群逐渐增加。国内外政治、经济环境的变化，在一定程度上削弱了竞技体育举国体制的社会影响。

2. 学校体育政策调整与良性发展

1999年，中共中央国务院颁布了《关于深化教育改革全面推进素质教育的决定》，标志着我国学校体育在指导思想、工作重心、教学内容等多方面进入新的发展阶段。新世纪的课程改革着重关注学生的主体需要，更加注意运动安全和损伤的预防，能够依据学生的具体情况对于教学内容、运动负荷进行适当调整。为了从根本上扭转广大青少年学生体质持续下降问题，2007年开始，国务院下文，在全国亿万青少年学生中开展"阳光体育运动"。2013年颁布的《中共中央关于全面深化改革若干重大问题的决定》中，对学校体育工作提出明确要求："强化体育课和课外锻炼，促进青少年身心健康、体魄强健"。总之，21世纪的中国学校体育，各种教育思想、课程改革百花齐放，一个以生物、心理、社会三维健康为基础系统的开放的学校体育观基本形成。整体上看，全国各地关于学校体育的制度建设、师资队伍、场馆设施等方面的建设投入都有显著改善；"健康第一"成为重要指导思想，各级各类学校热烈开展阳光体育运动。人们对于"终身体育"理念的认可和重视也相对有所增强，只是在面临高考等升学之时，学校中的"体育"仍是要让位于"智育"。

3. 学校体育问题及其新特征

首先，20世纪末管理结构改革调整后，学校体育被完全纳入教育系统。学校体育与"中国体育"的关系开始变得模糊；但是作为"学校身体教育活动"，它的教育属性又缺乏广泛的社会认同。相关负责人只能遵循传统的"工作内容"开展常规的学校体育工作。由于第二次院校调整过程中，许多普通高校也纷纷开展体育学科、专业建设，在资源有限的情况下逐渐降低对于公共体育的重视。

其次，基于"应试"的观念逐渐主宰了整个学校教育环境，不同人群的体育参与目的出现分化。对于少数运动天赋较好、拥有了一定运动技能水平的学生来说，"体育"成了他们获得更优质教育资源的助推剂。例如，中小学阶段，非片区入学择校、中高考时特长生加分（降分录取或者特殊生源引进）；大学阶段，高水平大学生运动员可以依据其运动员等级、竞赛成绩等条件申请按照学校相关规定给为专业课考试分数绩点加成。而对于大部分学生而言，常规的体育课和锻炼活动并不是"练体育"，而是"玩"——学习之余的放松娱乐，并且内容上形式化、低易化情形逐渐出现。高等教育方面，迄今为止我国关于非专业体育院系的高校体育理论建设还比较缺乏；自第一次院系调整之后，普通高校的体育理论一直依附、包含于"以中小学体育实践为基础的"学校体育理论之内。

最后，尽管从我国体育的指导思想及政策文件中的任务目标来看，从 20 世纪末开始中国体育工作重心便应该从"优先发展竞技体育"向"普及与提高相结合"的"全民健身""终身体育"等方向调整、转变。但是，由于国家体委的核心任务仍然在于全力备战"北京奥运"，并没有在给出新的"工作条例"或者"标准"之类的细则性指导文件。在各省分级负责的管理体制下，地方各级体育管理部门缺乏相关的理论指引和执行参照，因此具体的工作过程中还是延续了"普及与提高相结合，重点抓提高"的路子。

4. 北京奥运或为我国体育的转折点

在 2008 年的北京奥运会上，我国体育代表团夺得了 48 金、22 银、30 铜的好成绩，奖牌榜名列首位。我们还以东道主的身份，将北京奥运举办的盛大热烈、精彩纷呈。2008 年北京奥运会在我国体育史上具有重要的里程碑意义，标志着我国真正进入体育大国的时代。第二次世界大战后，冷战也蔓延到了体育领域，有一段时间新中国被排斥在奥运会门外，直到 1984 年的洛杉矶奥运会才打破了这一局面。自 20 世纪 80 年代以来，中国坚持"以奥运会为最高层次的竞技体育发展战略进行资源配置，战略途径、战略措施包括各种制度安排都丝丝入扣对准既定的战略目标"。如今，我国的竞技体育，尤其是在奥运会上面取得的巨大成绩，也充分彰显了我国的综合实力和国家形象的提升。北京奥运成功之后，也逐渐引发了一定的社会反思和讨论。"中国人对于金牌的渴望已经度过了焦渴的时期。人们需要更好的健康权利，不再把金牌作为相对单一的标准。"如今，人们习惯了欣赏、参与体育赛事活动成为生活的一部分，也不再强烈的执着于奥运金牌对于实现国家强大的作用。国家体育工作的重心在北京奥运之后也开始真正转移到全民健康、终身体育上来。

## 第二节　高校体育教学发展的现状与发展趋势

### 一、高校体育教学的现状

#### （一）高校体育教学的现状分析

自改革开放以来，我国高校体育教学的教学模式可谓是百花齐放，从"三基教学"模式、"三段教学"模式发展到现在的"俱乐部教学模式"，此外还有"翻转课堂模式""快乐体育模式"等。课程设置方面，从大一基础必修课、大二选项必修课，发展到现在的大一和大二均为选项必修课、大三和大四为选修课，同时为身体有残疾的同学开设了体育保健课。教学内容方面，在传统的足球、篮球、排球、田径、武术、体操等课程基础上，结合时代特点及学生的需求引入了轮滑、攀岩、拓展训练等休闲类课程。在体育课程评价方面，由原来单一的总结性评价方式改变为加大对学生的过程性评价、总结性评级和过程性评价相结合，通过加大对学生在课下的体育锻炼行为部分的评价，培养学生自觉参与体育锻炼的习惯。在体育教学改革与发展的过程中虽然取得了一定的成绩，但同时也出现了许多问题，这些问题在一定程度上影响和制约着体育教学在高校的正常开展。

#### （二）高校体育教学存在的问题

##### 1. 教学过程中缺乏理论课程的讲授

目前高校的体育教学中普遍存在的问题就是缺少理论部分的教学，在教学的过程中教师注重了学生运动技能和技巧的掌握，而忽视了学生专项理论知识的学习。大部分高校的教学大纲中有理论教学的部分，一个学期为 2～4 学时，但教学效果也不是很理性。一方面，由于没有教室，有些学校要求教师在室外教学的过程中穿插理论部分的教学，但在室外进行理论部分的学习，学生的注意力不集中，容易被外界干扰，从而使理论教学没有达到预期的效果。另一方面，由于缺少必要的监管措施，教师在执行的过程中也是得过且过，有的教师甚至根本就不讲，理论部分通过游戏或者比赛来代替，导致学生对体育课没有正确的认识，没有意识到体育课在自身成长和高校教学中所发挥的重要作用，理论课教学效果大打折扣。

### 2. 缺乏急救基本知识的教育

每年的夏天是出现青少年溺水身亡事故的高发期，由于家长大部分都外出打工，留守儿童没有人监管，青少年的假期安全问题已经引起了教育等各界人士的高度重视。血淋淋的惨痛案例告诉我们加大对青少年的生命安全教育势在必行。但高校作为传播知识的主阵地，大部分高校没有开设游泳课，已经开课的高校也没有将游泳课开设为必修课，学生们需要掌握的溺水方面的自救、救人等急救知识、技能严重匮乏，导致学生在面对危险时缺乏必要的应对技能和方法。

### 3. 教师教学内容和方法陈旧

教师作为知识和技能的传播者，是课程的组织者和管理者，在教学的过程中作用非常显著。但本文通过调查发现大部分教师都是在啃老本，教学内容和手段陈旧、单一，按照教学大纲和教学内容的要求将运动知识和技能传授给学生，在教学中和学生的交流较少，教学效果不太理想。其原因如下：首先，有些高校的相关领导对体育在高校教育教学过程中的重要性认识不够，认为体育是边缘学科，只要教师上好课不出安全问题就可以。其次，有的教师把外出学习和培训当作自己的福利待遇，变成了"亲子游""家庭休闲游"，导致教学过程中的手段单一，学生学习的兴趣下降。

### 4. 教学评价方法需进一步改进

目前高校的体育课评价手段大部分为总结性评价，只关注学生的学习成绩即最终运动技能的掌握程度，而忽视了过程性评价，影响了学生的全面发展。尽管有的高校也出台了一系列措施，例如，在考核中减少期末考试的权重，增加锻炼过程的权重。通过在教学中增加校园 App 跑步，加大过程性评价的比例。但在实际执行的过程中也出现了一系列问题，如系统更新导致运动数据丢失或上传失败，有的学生利用骑自行车和轮滑打卡、有的学生一个人拿着六七部手机打卡等作弊现象，导致教学评价结果不切合实际。

## 二、高校体育教学的发展对策

### （一）提高管理水平

高校中的管理水平是指对物力和人力资源的管理水平，如何对有限的物力和人力资源进行合理地分配和规划。在我国高校中，体育教学管理的范围涉及太广，不仅包括学校各个部门之间的管理关系，而且还包括学生的一些教学活动事务。由此看来，体育教学水平收到了很多种因素的影响，要想从根本上提升高校的体育教学水平就必须要将这些因素一一解决，为高校的体育教学发展打下坚实的基础。

### （二）建立适当的考核评价方式

在高校中，学校非常重视学生对于教学工作的评价以及对教师的教学评价。而建立适当的考核评价方式就理所当然地成了提高高校体育教学水平的重要因素。首先，针对考核的对象要进行全面的评价，这与之前的单一评价不同，这种科学有效的教学评价能够在很大程度上给体育教学工作提供指导和发展方向。其次，对于学生的考核评价方式也必须要发生改变，教师对于学生的教学考核不应该只看学生的考试成绩，而是要多方面考虑，将体育身体素质的标准作为学生的考核主要方式，这种公平的方式避免了学生之间存在的先天差异，对学生来说也是起到了一定的积极作用。

### （三）优化教学环境

体育教学不同于其他科目的教学，这一教学内容的开展离不开一定规模的场地，这一课程不能够纸上谈兵，必须要在体育实践中让学生们学到一定的专业知识。优质的教学环境对于体育教学活动来说是大有益处的，不仅仅会提高学生们对于体育课程的积极性，从整个高校的教学质量上来看，也起到了其他措施所不能比的效果。高校开展大规模招生的政策，这对于体育教学场地环境来说是非常具有挑战性的，因此在这种情况下，高校就更应该重视体育场地的建设。

## 三、高校体育教学的发展趋势

### （一）更注重学生身心健康

国家新课程改革特别强调要全方位促进学生的健康发展，因此，体育课程的设置也应以健身强体为目标，将教学方式和教学手段相结合来促进学生身心健康。这就要求大学体育教师结合学生的身心发展特点，将健康放在第一位，进一步改变教学观念，对教学方式和教学手段进行改革创新，从而进一步提高学生对体育课程的兴趣、主动性和积极性。这样学生也可以收获体育运动理论知识和实用技能，全方面提高身心健康水平。

## （二）更注重学生个体发展

当前，国家教育机制推行的教学理念是以学生为本，学生是教育教学的主导者，是教师教学服务的接受者。教师的教学课程设置、教学手段和教学方式等都要结合学生的实际需要，以帮助学生全面发展为目标来开展。在大学体育教学过程中，体育教师要尝试对师生关系进行转变，结合学生的不同身体素质情况，采用不同层次的教学方式和教学手段，调动全体学生的积极性和主动性，帮助学生强身健体，增强身体素质的同时磨炼个人意志。

## （三）教学评价趋向多元化

目前，新课程的评价将新课程有助于实现课程目标和完善课程建设的作用进一步明确。要求新课程评价要有助于不同学生个体的发展，要有助于提高教师的课程教学能力和水平。学生作为评价的主体和客体，同时也是课程的主要接受者，对课程的编排和教师的能力水平有比较直观的认识和领会，让学生进行教学评价，对提升课程的教学质量和水平有很大帮助。同时，将学生的身体素质情况、掌握的理论知识和实用技能、主观学习态度和教师的配合作为评价内容，可以全方位地体现学生的实际水平和学习效果。

# 第三节　高校体育教学改革的状况分析

## 一、高校体育教学改革的内涵

高校体育是促进大学生健康的重要举措，也是建设体育强国的基础性工作。体育的深刻内涵在于提高人民素质和健康水平，促进人的全面发展，丰富人民精神文化生活推动经济社会发展、激励全国各族人民，弘扬追求卓越和突破自我的精神方面。社会经济的快速发展让现在的高校学生愈发追求个性化发展，但是我国绝大多数高校现有的体育教学工作仍然比较陈旧，无法满足学生健康发展和个性需求，主要体现在体育特色不够、锻炼习惯养成不足、品牌意识不强等。2018 年 9 月，习近平总书记在全国教育大会上指出：培养德智体美劳全面发展的社会主义建设者和接班人，要树立"健康第一"的教育理念，开齐开足体育课，帮助学生在体育锻炼中享受乐趣、增强体质、健全人格、锤炼意志。高校体育教学改革是社会发展的需求、是必然的过程。高校体育教学改革既要结合习近平新时代关于体育的重要论述，符合新课改的标准，也要充分考虑在社会发展背景下大学生心理发展认知特点。高校体育教学改革应当注重大学生多方面的教育，包括大学生德育教育、智力教育、心理健康、审美能力以及生活习惯的培养，以达到多元教育的目的。具体执行应该遵循科学性、客观性、个性化的方式，提高大学生的综合素质，促进大学生德智体美劳全面发展。高校体育教学改革是具备深刻而广泛的意义的，是全民健康的一个组成部分，也是高校教学中主要的教学组成。

## 二、高校体育教学改革的目标

结合我国教育部的相关统计结果进行综合分析可以发现，大学生对体育课程的重视不足，受到传统的应试教育理念的长期影响，学生的学习精力通常偏重于放在文化课程的学习和探索活动中。目前我国的素质教育大力推行，伴随着教育阶段改革的逐步深入，教育部对大学体育教学加强了关注，发现我国大学生的体能水平和综合身体素质较差，运动和锻炼的机会较少，师生整体对于大学体育教学活动重视度不足，随着我国教育部出台的《大学生体质健康标准》开始执行，大学体育教学改革势在必行。结合过去在大学体育教学中存在的诸多问题和缺陷，大学体育教师应结合学生的兴趣爱好和实际的教学情况，从培养和提高大学生参加体育锻炼的热情作为出发点，帮助大学生集体养成良好的运动习惯，培养和提高学生的体能水平、身体素质和运动方面的技能，致力于促进我国大学生整体综合体育素质的提升。设置体育知识目标、体育能力目标和体育情感目标，在以体育知识为目标的教学过程中，帮助学生学习和掌握所学体育项目的名字、动作术语等基础知识，了解各个运动项目中动作的名称，如足球运动中的脚背外侧踢球、体操项目中的滚翻、乒乓球运动中的推挡球技术等术语。掌握更多的健康知识，了解体育锻炼给人身心健康带来的效果，如体育运动对人心肺功能有哪些影响等。在大学体育教学过程中，不仅要求学生掌握体育运动知识和健康知识，更要学会相关的动作和锻炼技能，形成体育运动的能力。在大学体育学习中树立起团队合作意识，培养起学生坚强的意志力，提高人文素养。

## 三、高校体育教学改革的指导思想

必须明确高校体育教学改革的指导思想，即终身体育理念。体育教学的出发点是增强学生体质，提高学生运动技能，终身体育理念的提出，是对其时空的延伸和拓展，是现代高校体育教学的重要发展方向，对高校体育教学改革具有深刻而久远的影响。终身体育，产生于20世纪60年代，它是伴随着"终身教育"这一概念应运而生的。可以从三个维度对终身体育的内涵进行分析。

### （一）时间维度下的内涵解析

从终身体育的字面上去理解，其内涵反映出了时间维度下的延续性，即以大学生在校期间为起点，将体育锻炼延伸至生命尽头。具体到大学生个体生命的延续历程，可以将其划分为三个时期，青年时期、中年时期、老年时期。作为以社会实践形态而存在的大学生个体，他们在上述三个时期中又会存在着不同的时间划分，此时的时间划分取决于他们的职业状态和家庭状态。终身体育能否最终贯穿于大学生未来的生命中，不仅取决于他们的个体意识，在客观上还会受到职业因素和家庭因素的影响，而且后者会对他们的个体意识产生直接影响。立足于大学体育教学的职能边界，校方可以不去关注大学生个体的未来境遇，但作为以终身体育为目标的教改活动，则必须预见他们未来的可能境遇。

### （二）空间维度下的内涵解析

在空间维度下所做的内涵解析需要联系时间维度来展开。之所以提出这一观点，是因为时间的延续性反映在大学生身上便是社会实践的延续性，而他们的社会实践内容需要在具体的空间范围内得到刻画和承载。大学生个体可能受到职业和家庭因素的影响而弱化对常规体育锻炼的追逐，又或者因为身体状况的因素而不得不放弃一些体育活动。终身体育在空间维度下的内涵主要包括多样性的体育活动形式和不受场地因素限制的体育活动项目，而且能够满足大学生个体生命延续所需的体育项目更替。由空间维度下终身体育的内涵可知，需要从广义的体育活动内容中去把握形式、项目和需要。

### （三）功能维度下的内涵解析

终身体育理念伴随着终身教育理念而被提出，并将终身体育看作为实现终身教育的一个功能模块。终身体育有终身教育之意，大学生在校时被体育教育，毕业后便自主实施自我体育教育。要在大学生青年时期塑造健全人格，在中年时期保持积极的身心状态，在老年时期维持良好的生命状态，这是对终身体育内涵进行深化解析的必然结果，也是引入功能维度来进行内涵解析的目的。

## 四、高校体育教学改革中存在的问题

### （一）高校体育教育重视不足

在小学初中高中的教育中，主要以考核文化课程为主，体育往往在以升学为主要目的的前提下，不被学校和学生重视，这样的固化思维到了高校阶段也比较突出。部分高校没有对体育教学改革引起足够的重视和投入必要的力量，单一地追求文化课成绩，而忽视了大学生的全面发展。所以经常能看见学生在经历过紧张考试后，容易出现过度放松的情况，高校忽视了对学生健康问题的关注。

## （二）体育教师素质有待提高

现阶段，部分高校体育教师大多以运动技术水平为主要培训标准，而忽视了教学水平和教学能力的提高。高校体育改革主要的执行人员为体育教师，部分体育教师个人运动技术水平虽然很有优势，但是在教育方式和能力方面有待提高，好的教育方法和教学内容不仅可以提升学生的学习兴趣，而且可以提升学习效率。部分教师的观念没有得到及时转变，认为高校体育与其他学习阶段一样，不需要投入太多精力，是边缘化的学科，教学上重形式而轻视了实质，因此大多数上体育课的学生认为只需要排列站队，小跑两圈，做做准备运动就行了，教师素质有待提高。

## （三）体育教学的目标性不强

高校体育的目的是提高学生的身体素质，丰富文化课以外的学习生活，促进学生全面成长。部分高校认为体育教育是一门帮助性学科，并不是大学教育的主要组成部分，忽视了体育教育的目的和任务。很多高校的体育课大部分时间是交给学生自由活动，而教师更多的是维护秩序，保证学生的安全，这是远远不够的，应重视体育教学的目的性，培养教师的能力，促进体育教育事业的发展。

## （四）体育教学场地设施不足

部分高校体育设施老化，体育器材陈旧，没有及时进行维护和修缮，没有及时更换更新教育教学设备，导致教师在进行体育教学时工作无法顺利开展。这一因素制约了高校体育教育的发展，也在一定程度上降低了学生对体育课的喜爱程度。除此之外，部分高校在体育设施不足的情况下，还保持对外开放，因此更加无法满足师生教学和锻炼的需求，教学设施不足是高校体育改革十分受限的主要原因。

## 五、高校体育教学改革的策略

### （一）运用音乐激发学生学习兴趣

在上体育课的时候，可以根据课程内容来播放一些相应的音乐，从而有效提高学生们对于体育学习的兴趣。音乐可以激发学生们的学习兴趣，兴趣也是促进学生们学习效率增加的重要因素。比如，可以放一些学生们喜欢的音乐，再展开体育教学，就会使学生们变得心情愉悦，体育教学内容也会吸收得更快，在音乐激发兴趣的条件下最大程度提高教学效率。利用音乐缓解学生压力也是非常有效的一个方式，使得学生们学习起来更加轻松。

### （二）教学组织形式多样化

体育教学形式单一，会导致学生们无法产生浓厚的学习兴趣，对于开展体育教学也是没有益处的。教学组织形式的多样化，一方面是顺应社会教育的改革，另一方面也是创新教学的重要途径。在体育课之外还可以多组织一些体育类的讲座或者竞赛和运动会等，利用这些丰富多样的教学组织形式来提高学生们的学习积极性，促进学生们的学生兴趣。要避免教学组织形式的单一，尽量使用多种教学方式，促进学生们的整体发展和兴趣培养。组织形式的多样化也需要考虑到学校的实际教学情况和能力，做到有保障地多样化体育教学。

### （三）教学手段的创新法

如果只是使用传统的古板教学方式，不懂得创新，对于学生们的体育学习也是不利的。学生们吸收不到新的知识和内容，将使其无法更好地发展自我，成就自我。因此，适当的教学手段的创新就显得格外重要。教学手段的创新，不只是教学的创新，可以充分利用一些多媒体和高科技，收集丰富的教学资源，也可以采取学生们喜欢的教学方式，促进整体的体育教学效率得以提高。创新的教学方式会让学生们感觉到新意，产生学习兴趣，提高学习的综合效率。

### （四）进一步加强素质教育的实践环节

高校开展体育教学，不仅仅是提高学生们的身体素质，更重要的一个方面是帮助学生们及时排除不良情绪，因此，素质教育的实践就显得更加重要。在实践的过程中提高理论应用能力的同时，也可以积累一些实践的经验，促进自身综合整体的发展和进步。在体育课堂上，老师们可以尽可能将所讲授的内容转化为一些实际的操作和实践，从而让学生们真正做到实践，在实践中积累经验和能力，提高自身的综合素质和能力。

### （五）在教学硬件设备设施上加强投入

设备的投入和购置也需要考虑到学生们的自身能力和学习情况。对于高校的学生们来说，提高体育的实践学习能力，利用体育设备加强自身的身体素质，某种程度上也可以适当排遣情绪，促进多方面的学科学习，提高综合的学习效率，培养综合的学习能力。在购置体育教学器材的时候，可以选择一些学生们感兴趣的器材和教学设备。如果没有高效的设备和先进的硬件设施，学生们的知识学习也就无法得到有效应用，因此，加强设备购置力度也是高校需要考虑到的一个方面。

### （六）将学生作为学习的主体

将学生们作为体育教学的主体，也是高校开展体育教学的重要内容。传统的体育教学中，老师们带领学生们进行体育活动，更多的是老师掌握课堂，但是实际上应该讲课堂的主动权交给学生们，让学生们根据自身的体育学习情况来自主设计课堂内容，老师起到的是一个辅助的作用。当学生们成为体育教学的主体，就可以更好地做到体育锻炼，避免由于教学差异导致的自身能力无法提高，也可以充分积累相关的学习经验，促进综合能力的提高。学生们掌握课堂，并不代表老师全部放松，而是在共同努力的合作下，促进教学效率的提高，带动学生们对于体育学习的积极性和主动性。高校的体育老师应该做到合理地掌握和把握一个度，从而有效开展体育的理论和实践教学的各个项目。

### （七）注重知识与技能教学的统一

老师在进行教学的过程中，需要注重知识和技能教学的统一，进而保障学生综合素质和素养的提升，避免单方面的学习。如果无法做到知识和技能教学的统一，学生们就极有可能出现一些只会知识不会实践的情况，对于学生们的未来发展也是非常不利的，对于高校培养体育人才也是有阻碍作用的。因此，需要适当地进行知识和技能的统一，才可以全面发展，综合进步。老师们在体育教学的过程中也需要避免学生们的学习差异导致知识和技能教学无法统一开展，因此，要制定适合学生们的知识技能有效融合的教学模式。

## （八）建立健全的科学考评体系

高校可以针对学生们的体育学习情况来建立适当的科学考评体系。学校可以适当进行科学考评体系，通过有效的体育考察方式来帮助学生们提高自身的成绩和学习效率。健全科学的考评体不仅需要学生们和老师们的帮助，而且还需要学校的大力支持。一个完善的评价体系，可以在学期末的体育测试中提供一定的基础。如果没有一个良好的测评体系和考评体系，学生们也就无法对自身所学到的知识进行测试，从而无法有效提高学习知识的盲区。因此，适当的健全科学考评体系对于学生们不断完善自身知识技能方面也是重要的一个方面和环节。

## （九）提高体育教师队伍素质

对于学生来说，学习情况与老师们自身的素质也是有关系的。良好的师资力量可以给学生们带来良好的技能和知识的培养和发展。没有一个高素质的教师队伍，对于学生们的体育学习和训练也是有一定的阻碍作用的。学校可以定期将体育老师派出去学习一些先进的知识和体育技能，或者吸收一些专业人才来培训，从而提高体育老师的自身素质。老师们也要定期对自身的教学方式和内容进行优化，学习先进的教学内容和方式。只有体育老师不断进步，才有可能促进学生们在体育学习中不断进步。

# 第三章 高校体育文化的交流与传播

发展各大高校的体育事业是我国体育进程的重要环节，国家鼓励高校体育发展，高校体育事业发展成熟了便可以带动高校体育文化的交流与传播，而且高校体育文化的传播是我国体育文化传播中不可或缺的一部分，对我国高校体育的发展具有重要的意义，为国家输送高水平的体育人才提供了坚实有力的保障。本章主要分为高校体育文化的传播途径、高校体育文化交流与传播的冲突两部分，主要包括高校体育文化传播的重要性、高校体育文化传播的实施路径分析、新媒体背景下的高校体育文化传播研究、自媒体时代下高校体育资源传播模式探究、融媒体时代我国传统体育文化传播等方面。

## 第一节 高校体育文化的传播途径

高校体育文化发展的好与坏关系到高校体育文化传播的效果和学生身心的积极向上。高校体育文化是传播高校科技信息、人文信息的主要载体，构建体育文化可以充分展示校园的办学目标、理念、宗旨。高校体育文化的建设有很多种渠道，选择渠道的时候，重要的是体现高校体育文化的精神面貌、风采以及高校体育未被开发的价值，挖掘高校体育文化魅力，向学生传达体育精神，促进其身心健康发展。

之前各大高校并不注重体育文化的发展，现在国家提出了关于构建高校体育文化建设的措施，所以现在高校都比较重视。为了发展高校体育文化，各大高校都积极开展校园体育活动，提升学生参与体育项目的内在动力，从而加强学生的身体素质，给学生的学习增添了活力，也有助于各大高校体育制度的改革。

# 一、高校体育文化建设的内涵以及重要性

在全民健身热潮中，高校可以借着这股风加强学校的体育文化建设，合理引导学生参加体育活动、鼓励学生参与各个项目的体育赛事，这样不仅能提高学生的身体素质，还能对高校体育文化事业起到推广作用，更有利于高校体育教学的深化改革。

发展高校体育文化可以培养学生们的情操，增强学生们的见识，能够给高校传播良好的校风，高校通过建立规范的训练体系、体育教学目标的制定，还可以整体提高学生的各项能力，这有助于构建高校文化氛围，增强学生体育精神，是互利互惠的。

发展高校体育文化这项事业是发展高校文化建设的重中之重，参与者一个都不能少，教师、学生可以相互增进感情，换位思考理解对方的不易，这样不仅能促进学生的成长，也能提高教师的体育教学能力，深化师生友谊。

# 二、高校体育文化建设的途径

## （一）体育文化顶层制度设计

需要各大高校摒弃之前不好的体育教学制度，发扬好的体育教学制度的优点，发挥传统与创新相结合的制度优势运用到高校体育文化的教学之中，根据学生的兴趣爱好、身体特点以及体育实践能力更好地制定学生参加体育项目的计划，也能把教师的教学创新能力体现出来。

## （二）定位高校体育文化性质

高校体育和小学、中学体育是完全不同的，差别非常大。高校体育可以借助高校体育社团来组织开展体育文化活动，而且这些体育社团都具有很高的文化水平；高校体育让体育和基本教学相融合，来展现高校体育精神；高校体育可以让有梦想的学生达成愿望，从而促进学生的自身发展。综上所述，高校体育文化具有多层次的文化价值，其文化构成比较分散和隐匿。

## （三）明确体育文化特征

高校体育文化的形成大多是由高校的校风、人文精神、教学的规章制度这几个主要原因构成的。高校体育文化的形成并不是一蹴而就的，这需要长时间

的积累，想要构建高校体育文化必须先明确体育文化标识，可以从以下几个方面入手：一是高校要了解自身的文化特点，只有清楚自己的优势，才能更好地构建体育文化，高校在体育文化教学的过程中已经不知不觉地形成自身特色的体育文化特点，这些特点都是可以长久传承和对外宣传的；二是有的高校也会以别的方式来构建自己的体育文化特点，比如说一些高校用传递口号的方式来表现；三是一些高校想法独特，用某一特定颜色来代表自己的学校，高校会把比赛的赛服、旗帜、学校网站都统一制作成同一种颜色。

## 三、实现高校体育"2＋2"课程文化建设

### （一）构建"2＋2"课程模式

首先第一个"2"代表高校大一和大二的学生根据自身的爱好特点来选取自己心仪的体育课程，然后高校依据学生选择的体育课程分类划分体育兴趣班，指派教学能力较强的老师进行教学，并让学生学会两种以上体育项目；其次后一个"2"就比较自由了，是专门为大三、大四学生制定的，但总体上也不能脱离体育教学的框架，学生也是要根据自己的兴趣爱好选好体育项目和教学老师，并让学生们学会两种以上的体育项目。总体来说，都是要激发大学生对体育项目的学习兴趣，高校体育课程的安排也要依据全国各地高校的自身特点、气候地形特点和体育发展方向来制定，按照理论与实际相结合的思路来培养学生学习体育项目的能力，并发展成为一个可复制的模式推广到全国各高校中去。

### （二）构建高校体育文化设施

高校体育文化设施都是弘扬高校体育文化的手段。像高校校园中的体育建筑物、雕塑、绿植等都是宣传体育文化建设的好方法，既可以充分体现高校的体育文化建设成果，又可以陶冶教师、学生的体育情操和体育情怀，也可以对其他高校校园文化的建设起到借鉴作用，更推进了我国高校体育文化建设的进程。以北京市某高校为例，在2008年奥运会的时候，这个高校的体育场馆曾作为乒乓球场馆建造使用，建筑面积将近30 000 ㎡，这其中包含了8000个固定座位和临时座位，解决了奥运会的场地不足问题，通过以上的宣传方式，更直接、更充分地体现了高校体育文化建设重要性。高校的体育文化设施还有不完善的地方，我们要增加体育文化设施的建设。例如，可以在高校中设立体育文化墙和文化走廊，激发学生们参与到这项建设中来，可以把学生们的奖牌、画作装饰到体育文化走廊里，提高学生参与的信心。

高质量的高校体育文化建设对各个方面都产生积极的促进作用。不仅是对教师、学生、人文建设方面有良好的导向作用，而且对高校也能产生正向的循环作用，高校可以根据自身的体育文化特点，设计符合高校自身的体育文化制度，从而为高校自身文化体育的建设提供制度保障，得到的成果也可用于深度挖掘体育人才建设上。

## 四、高校体育文化传播的重要性

### （一）传播高校体育文化是提高学生身体素质的重要途径

面对越来越大的学习压力，体育文化传播的重要性逐渐为师生和家长所忽视，教师、家长和学生都将注意力集中在文化课学习上，在高中阶段这种现象尤为明显。传播高校体育文化，提高学生群体的身体素质已刻不容缓，加强体育锻炼对学生的身体和精神层面都有让人意想不到的效果。从身体方面来说，加强体锻炼不仅能调节身体的各项机能，还能促进血液的循环，有利于身体毒素的排出，也能治疗颈椎病，尤其是学生一整天都坐在教室里上课难免会有颈椎病，有的学生心肺动力不足，坚持体育锻炼可以提高心肺功能，总之一句话，加强体育锻炼只有好处没有坏处，最基本的是强健学生的体魄；从精神层面来说，加强体育锻炼会让学生的大脑感觉轻松，减少压力的存在感，也会使学生心情愉悦，增强毅力，增加幸福感。传播高校体育文化能够提升师生和家长对体育锻炼的重视程度。因此从学校出发，对高校体育文化进行传播，让教师、家长和学生明白体育活动并不是在浪费时间，而是在为更好地进行文化课学习打基础。

### （二）传播高校体育文化是缓解学习压力的有效方式

传播高校体育文化让学生意识到运动是缓解学习压力的有效方式。体育运动对缓解学习压力非常有效。人体大脑在运动后会产生内啡肽，而人心情的好坏就与大脑分泌的内啡肽多少有关，因此人们将内啡肽称为"快乐因子"。学生在参加体育运动时，随着运动强度不断增大，身体自我调节速度加快，使学生紧绷的神经和大脑得以放松，同时也更能集中注意力。有计划的运动和团体运动能够让学生更为自信，运动会带来健康的身体，更会带来愉悦的心情。学生在参加体育活动时，通过锻炼强度的不断增加，身体也会不断突破平台，不断挑战自我并超越自我，进一步锻炼了学生的毅力和耐力。

## （三）传播高校体育文化能够培养学生拼搏进取、团结协作精神

体育运动除了具有健身功能以外，还具有强大的育人功能。当五星红旗在奥运赛场上升起时，人们会不由自主地激动、兴奋、骄傲起来；在体育竞赛中，为夺取良好的成绩，努力拼搏完成预定目标。在体育文化传播过程中，大家相互交流学习心得，相互帮助，共同完成体育项目，并且可以培养学生的团队能力和协作能力。同时体育运动大多是团队协作完成，学生在体育运动过程中相互影响、相互促进，培养拼搏进取、团结协作精神，不仅考验每位队员的个人体能素质，而且还考验大家的密切配合以及教练的科学指导。

## 五、高校体育文化传播的实施路径

### （一）拓展宣传途径，推动高校体育文化的广泛传播

在新时代高校体育文化传播过程中，采取哪几种方式进行宣传是我们要考虑的主要问题。在多媒体时代，高校体育文化传播不仅可以采用校报、讲座、传单派发等传统方式，还可以利用互联网的优势，积极拓展宣传途径，采用微信公众号、微博、校园网及各种网络平台加大宣传力度，而且可以组织线上、线下丰富多彩的高校体育文化活动来扩大宣传。学校应提升体育活动的多样性，为学生提供多样性的体育文化活动，满足不同学生的兴趣爱好需求，进而提升学生对校园体育活动的兴趣，从而为校园体育文化的广泛宣传奠定基础。

### （二）加强校园体育社团建设，推动高校体育文化的广泛传播

体育社团作为一种学生自发组织的体育团体，像一根纽带将很多不同专业、不同性别的学生聚集在一起。在这个团体中，队员之间的感情和兴趣爱好是彼此的主要联系方式，一些对体育运动处于观望态度甚至消极态度的学生也能够加入该团队中，体育社团通过开展各种丰富多彩的活动来吸引身边的学生参与其中，体育社团通过社团活动来增加团队的凝聚力和向心力，潜移默化地培养学生的组织协调能力以及勇敢、果断、顽强的精神，通过体育社团活动，使学生磨炼意志、挑战自我，吸引更多的学生参与到体育运动中，开拓了学生的交际能力和沟通能力，能更好地融入这个大家庭中来，为学校提供了良好的体育文化传播阵地。

### （三）组织线上、线下相结合的体育竞赛活动

推动高校体育文化的广泛传播。目前，传统的体育竞赛活动已经不能满足

广大学生参与体育活动的需求。线下体育竞赛活动受场地、时间等限制，对参赛人数有一定的限制，而且线下的高校体育文化竞赛活动开展过度，必将影响学生的学习，还将消耗大量的人力、物力。组织线上、线下相结合的体育竞赛活动是推动校园体育文化广泛传播的有效途径。如今微信运动已经成为很多人坚持运动的动力，可以通过组织线上竞赛的方式传播体育文化，提高学生和教师传播体育文化的积极性，从而提升体育文化的传播效果。通过线上平台，学生也可以相互交流体育锻炼心得，促进高校体育文化传播。

中国的未来要靠青少年，体育竞技能力的发展可以增强国家的实力，这个教育好青少年的任务就落到了高校体育教师身上，高校体育教师肩负着培养合格的建设者和接班人的重任，高校教师有责任把体育知识教授给学生，让学生学以致用，培养学生的自主学习能力、让学生养成良好自主锻炼习惯、为以后学生的体育道路创造能力条件。高校的体育文化建设，能让学生的体育视野变得更开阔，还能提高大学生的身体健康水平和社会适应能力，培养学生勇敢、果断、顽强和不怕苦和累的优良品质，培养学生挑战自我、崇尚科学创新的工匠精神；培养学生舍己为人的精神和以德服人的理念；让学生树立正能量的世界观、人生观和价值观，忠于自己的信仰，厚植爱国主义情怀。

## （四）高校体育社团对高校体育文化传播的影响

大学生由于课程安排较少，课余时间较多，精神生活和文化生活很容易出现匮乏现象，精神需求得不到满足，社团能够充分满足大学生精神需求，丰富大学生课外生活，通过社团活动进行体育传播，也是体育文化传播的重要途径，帮助课堂体育教学进行延伸发展，在新课改背景下，高校社团类型变的多种多样，在帮助大学生开拓视野、满足精神需求、提高各项技能方面都起着积极作用，对大学生身体素质和心理素质的提升都起到了决定性作用。

高校在各类社团的发展上在近年来呈现飞速增长的趋势，无论是数量还是质量上都有着较大的提升，每一个社团都以它们独特的活动形式和建立宗旨吸引着广大大学生加入。体育类社团作为各类社团的雏形，在这种趋势下也得到了较大发展，通过各式各样的体育社团活动，帮助学生们在锻炼身体素质的同时也传播了相应的体育文化，为社团文化作出了积极贡献，通过各类社团活动的进行，一定程度上对学生价值观进行了引导，对学生们心理发展方向和行为准则都起到了规范作用，帮助学生们得到全面发展。因此，体育社团在大学生群体中的认可程度也较高。

1. 体育社团在高校的定义

社团在社会中的定义为"人民通过自己的意愿组成并加入，为了实现共同目的的非营利性组织"高校的体育社团模式也基本如此，是指高校体育老师为热爱体育运动的同学们以及对体育运动抱有想法的同学们，通过学生自主意愿建立的以进行体育活动为主要目的非正式、组织性较低的群众组织群体。主要是为了满足学生和老师们共同进行体育运动或是其他有关于体育方面的需求，由于社团内拥有共同兴趣爱好，所以社团内进行活动有着自发性，活动期间较为自由，自主进行体育活动的特点。

2. 当前高校体育社团情况

现在高校体育社团主要通过两个组织和机构来进行管理，分为学生会和社团联合会两种不同的管理模式，但都归属于校团委直接管理，主要通过制定相关规则和办法来治理社团，实现社团有组织有纪律进行活动的目的，管理等级明确，各司其职是它们的主要特点。通过各种各样的活动来开展各个项目的体育运动，由学生主动进行发起，在管理时也主要由学生进行，在课堂之外的时间进行开展。现在体育社团正是刚刚开始的阶段，很多方面发展都不够成熟，并且由于学校活动场所不足，无法进行多余资金支撑，体育社团发展前景不容乐观。

3. 高校体育社团具有的特点以及作用

体育社团不仅是一个具有体育性质的团体，它还可以帮助自己在喜欢的体育运动方面进行技能强化，多数都是为了同一个目的共同自愿加入，由于对体育运动的热爱，大家追求目标也基本一致，所以社团内交流氛围也非常良好，与之相对的社团人员构成也非常简单。在开展社团活动时都是由社员相互沟通交流最后选出具体的计划方案，按照学校的规章制度，根据课余时间自愿选择是否进行参与或管理，向学校申报后由学校或社会组织进行资金支撑，但仍然保持独立性，凸显出了社团活动具有开放性、选择性和独立性。由于学生们都是自愿参与到社团活动当中来，所以在传统体育项目之外，学生们也有很多不同较为新颖的体育项目选择，比如健美操、瑜伽等有氧运动也会加入其中，这样在进行体育项目选择时也就摆脱了很多限制，增强了灵活性，社团性质也就具有灵活和创新性特点。

4.校园体育社团和高校体育文化之间的关系

（1）二者相辅相成的共生关系

体育文化不光是指体育方面的理论知识，它还需要与实际状况进行结合，社团活动是展示自己社团文化形象最重要的方式，它可以反映出一个社团的基本氛围，是社团文化和体育文化的综合体。体育社团在进行各类活动开展时都会为自己的体育文化建设做出累积，帮助社团进行体育文化建设。体育社团活动也需要符合时代，不能过于老旧，为校园增添年轻气息，帮助学校营造社团文化氛围，满足学生们精神方面多个角度的需求。所以高校体育文化和校园社团文化两者同行，少哪一个也不成，他们发挥的力量同时作用到高校体育文化环境建设中来。

（2）体育社团发展决定校园体育文化建设

品德教育主要是通过理论知识进行学生思想建设，体育社团在传播高校体育文化时采取方式则显的多种多样，比如健美操、瑜伽、各个大型球类运动或小型球类运动通过比赛或者展示的方式向学生们进行高校体育文化传播，将体育文化中蕴藏的精神直观传输给学生，在校园文化建设中占据了重要地位，在课余时间，体育社团通过各类体育活动和社团展示活动，帮助学生提升了课余时间的乐趣，学校同时也为社团展示提供了良好平台。同学们通过参与体育社团活动增强了自己的体育信心，与拥有共同爱好的人进行持久体育锻炼，磨炼学生意志力，让学生在体育方面得到全方位多角度的发展。通过学生在社团中主体地位和领导作用的发挥，帮助社团向有组织有纪律的方向进行发展，有助于展示社团良好精神面貌，让社团得到更加长远的发展。

（3）体育社团对高校体育文化发展的影响

①体育社团当前所处阶段产生的影响。由于社团正处于起步阶段在各个方面都需要经过长远探索才能够走向成熟化，在社团可用资金、开展活动所需要场地和相关人员等方面都存在着一定的问题，无法进行快速发展，为了帮助社团迅速走向成熟化，学校和学生需要加大社团在人力、物力和财力方面的投入来帮助体育社团进行发展，只有让体育社团拥有更高水平，上升到更高层次才能让高校体育文化拥有更好的发展。

②体育社团目前面临诸多现实问题。社团当前面临许多问题比如社团管理人手不足，组织纪律性较差，进行社团活动时较为松散等问题都需要解决，学

校方面和社团方面都需要加强对社团的管理，避免经营多年的社团因为管理问题毁于一旦。例如，派遣懂得相关体育知识的管理方面人才共同参与社团活动，帮助社团活动提高组织性，加强社团管理，让社团活动能够更加高质量进行；从更长远的目标进行社团发展，加强体育设施和场地的建设，满足社团在不断扩张后所需要进行活动时的场地需求和设施需求，尽量最大化满足社团在进行活动时所需要的资金需求，帮助学生进行拉拢社会组织赞助；从多方面提供支持，在体育社团活动不断开展的过程中累积经验，帮助社团进行更好的宣传；在学生和社会各界人士心中为社团树立更加良好的形象，让高校体育文化越来越繁荣。体育社团能够依靠体育文化的传播进行生生不息的发展，进行健康体育文化传播，培养高素质体育人才。

在高校正常建设中，良好的高校体育文化不可或缺，它能帮助校园文化充满活力，锻炼学生的身体和心理素质，为学校进行全方位和谐发展做出贡献，让学生拥有理论知识同时也能拥有强健体魄，通过开展社团活动，高校向社会传播自己优秀的校园文化。体育社团与体育校园文化相辅相成，体育社团帮助体育文化进行传播，让体育文化精神永驻在学生心里，为国家体育事业的发展提供精神源泉，为体育文化传播提供平台，体育社团对高校体育文化的发展非常重要，因此高校要全力支持体育社团的发展，继而推动高校体育文化的传播。

（4）高校学生体育社团网络文化的建设

网络文化是在网络媒体的基础上，以文化为核心，在网络虚拟空间的开放自由实现多元文化的信息，各种艺术形式的创作，采集、传播、交流和融合，影响和改变社会的行为和思维方式。网络文化作为一种流行文化，它不是一个普遍的文化，但网络文化正是通过他们的影响力和辐射社会和文化的力量，选择价值取向。反过来，也会影响别人的文化。大学体育社区网络文化让学生的大学生活变得非常有意思，是现代大学体育发展进程中不可或缺的一部分。大学生通过参加体育俱乐部活动极大地满足了学生的心理需求，也拉动了大学生群体的体育消费，增加了个人阅历，体验了社会生活。

①大学体育社区网络文化宣传成本。体育社团发展迅速。20世纪80年代初期，我国体育社团的数量发展迅猛，并呈现出从沿海到内地扩大发展的态势，这无疑给我国体育社团的发展奠定了群众基础，为此后体育社团的高速发展提供了源动力。大学体育社区网络文化宣传成本低，但效率高、为高校在塑造体

育文化建设形象上面提供了有力保障，从而更好地深入开展全民健身具有重要的理论意义和现实意义。通过单击网络平台找到他们在学校体育俱乐部板块充分利用网络的功能和特点，每一个体育俱乐部板块下属板块可以链接到相关内容。从上面我们知道有每个宣传材料和活动后的体育社会新闻报道直接对学生参与体育社区强调对学生反馈。极其丰富的内容不仅能满足学生的体育兴趣，还可以拓宽学生们的视野。同时，也要注意体育俱乐部活动学校之间的沟通和交流。

②我国大学生体育俱乐部展示网络文化建设的发展现状。通过了解我国经济发达城市网络文化建设大学生体育协会，了解影响大学生网络建设的体育组织和两者之间的关系。通过收集数据，发现在我国开展的社区大学生体育协会，北京体育大学体育俱乐部共有 44 项内容丰富多彩的活动，和每一个社区可以链接到相关的介绍，说明了学校注重"第二课堂"教育功能的充分发挥。要坚持有序建会，用科学的方法论指导以确保最基层的体育社团组织的发展，抓好体育社团建设是一项艰苦、细致而复杂的工作，对体育社团的发展各级体育部门都要在政治思想、学术研讨、活动开展、协会管理、社会效果等方面统筹兼顾、规范管理，用科学的价值观、方法论来引领体育社团组织的发展、建设、管理等各项工作，使其在数量、项目、质量等方面。

③学校体育俱乐部，这是一个有共同兴趣和爱好的学生运动。在相同的体育社会活动。包括自发和有组织的体育俱乐部。学生可以根据自己的体育需求自行组织俱乐部，或加入成熟的体育俱乐部当中，这两种体育俱乐部学生可以自主选择，它们在学生的学校生活中起到了催化剂的作用，让学生的校园生活不再变得枯燥，近而根据学生的需求发现他们的潜力。

大学生体育俱乐部和其他大学生体育协会的理论特点和功能。大学生体育组织是高校学生社团的重要组成部分，具有独特的特点和魅力。因此协会是最基本的属性。自发的社区体育的特点更随意，组织和管理相对松散，是一种大学生为了减轻学习的压力和快乐体育游戏的同时掌握运动技术水平和学生自发组织的体育俱乐部。

大学体育俱乐部的群众性多元化服务体系功能在文章中指出大学生体育俱乐部有一个双重职能在构建多元化体育服务体系。一方面，协会协调发展学生的综合素质，建设高校体育文化，是现代高等物理教育的一个组成部分，另一方面，通过沟通与外部群众体育的指导，导致学校外的群众体育的发展，提高群众体育水平外的学校。

综上所述，高校体育俱乐部指的是大学生体育协会中的大学生自愿组织、自治管理的非营利性的社团，它将运动和有共同兴趣爱好的学生团体组织起来，参与同一物理社会活动，为小组成员的发展提供了条件。

## 六、互联网时代高校体育文化传播的机遇

### （一）新媒体背景下的高校体育文化传播

21世纪，随着科学技术的快速发展，作为信息传播主要载体的媒体也在发生巨大的变化，新媒体凭借其先进的数字通信技术和网络技术，相比于报纸、杂志、广播、电视等四大传统媒体，享有传播速度更快、覆盖面更广、交互性更强等特点，深受大众喜爱。当下，新媒体以迅猛之势蔓延至高校，并逐步融合、取代传统媒体在高校的文化宣传主体地位，成为高校师生获取信息、传播文化的重要途径。为了更好地了解新媒体对高校体育文化传播的影响，通过文献资料法、访谈法等对目前新媒体环境下我国高校体育文化传播现状进行分析，以期新媒体在高校体育文化传播过程中取得更优越的传播效果。

1.高校体育文化传播的必要性

高校是我国实施素质教育、文化育人的重要阵地，培养大学生体育思想和推动全社会体育文化建设的渠道是高校体育教育，高校体育文化作为高校校园文化的一部分，不仅以体育教育作为其主要内容，而且还积极引入了一些有意思的体育项目，在丰富校园文化生活的同时影响着高校校园精神文化的发展。

（1）培养高校学生健康的思想观念

高校是培养学生智力、提升道德品质的重要教育场所，体育文化、体育精神可以帮助学生建立健全人格发展，树立正确的人生观、价值观和世界观。通过体育文化教育能够增强学生的自信心、自尊心，不可否认体育文化在高校的传播是紧跟时代步伐的新型教改模式，必须坚定不移地坚持和完善。

（2）提升高校学生综合素质

加强大学生的综合素质是时代的要求，也是我国高等教育改革的必要手段措施，合理地制定科学、可行的综合素质教育系统是当前我国高校教育的重中之重。通过高校体育文化精神的宣传和培养，让高校学生正确认识体育、进一步感受体育文化的魅力，从而提升高学生的综合素质。

（3）提高高校学生爱国情操

体育精神的核心就是爱国主义。爱国情操的培养是每所高校教育必需的教育课程，也是每个高校学生必须具备的基本素养。高校体育精神文化的传播，可以培养学生体育精神、爱国主义情操，让学生意识到少年强则国强，勇于肩负起中华民族伟大复兴的历史使命。

**2.新媒体对高校体育文化传播的影响**

随着网络和卫星通信技术的快速发展，以及数字化媒体技术的全面应用，一个全新的信息传播环境——新媒体传播时代应运而生。新媒体时代，新媒体终端媒介以形式更加多样、互动性更强、覆盖范围更全、传播渠道更广等特点在现代传媒中占据着越来越重要的地位，在它快速发展的同时，也越来越多的蔓延到高校当中，当代大学生作为新媒体的主要受众群，他们越来越依赖于通过社交网站、微信、微博等新媒体传递和接收信息，高校信息传递的新媒体传播局面可谓现已形成。

（1）从单向接收到互动参与——提升高校体育文化传播覆盖性

传统的媒体传播方式中，媒体发布者掌握着传播资源和传播渠道，其与受众之间多以线性传播和单向传播为主，新媒体的出现便在一定程度上解决了传统媒体在信息传递过程中互动性差的缺陷；其次，新媒体技术解决了交流环节中身份的暴露性，提供了隐匿的身份象征，受众能够卸下身份标识，打破现实社会的身份局限，增强信息交流的真实情感。

（2）从传统到新颖——提升高校体育文化传播针对性

现代社会的信息是海量化的，传统媒体由于无法满足信息化要求而越来越多地被新媒体多取代。传统媒体发布的信息依照新闻传统有固定的发布语言和排版模式，而新媒体的信息发布，无论是文字信息、图片信息，还是排版格式等都更加喜闻乐见。

（3）从慢到快——提升高校体育文化传播时效性

信息传播最重要的就是时效性，一切错过最佳时间的信息都有可能被社会淘汰成为没有价值的信息，新媒体技术的快速发展，已经打破了报纸、电视等传统媒体在信息传播过程中时间和空间上的限制，新媒体技术以互联网技术为基础和支撑，无论何时何地都能通过网络进行信息的传输和汲取，能够更加快速便捷的实现信息的全域、全速和全时传播。因此，新媒体对于信息的传播速度和传播范围较之于传统媒体有着无可比拟的优越性。

### （二）自媒体时代下高校体育资源的传播模式

高校体育资源的传播是一种发散思维、全覆盖模式的传播，它像一张大网似的各个范围的信息都能收集。它依托自媒体多种网络渠道进行体育资源的传播，主要传播体育教学、活动和文化方面的内容，通过传播高校体育俱乐部项目为起点，逐步向大众体育项目延伸，把人们感兴趣的体育项目和文化传播给大众。

1.高校体育资源现状分析

（1）体育文化资源交融性较低

体育文化是高校体育资源的一部分，它虽然看不见摸不着，但它是高校传播体育资源的软实力，是高校体育资源的载体，具有精神领袖的作用。依现在的情况而言，高校体育文化传播的影响力较小，融合程度也较低，这就不利于体育文化资源的发展，这是因为人们普遍对于体育文化不够重视和关注，还有，体育文化传播的渠道也比较狭窄，很多高校只是在自己的校园网站传播体育相关信息，这就造成了体育文化传播的受众面太窄，阻碍了体育文化的交融。

（2）高校内各学院体育资源分配不均

各大高校在体育文化资源的分配上大多存在着问题，其中一些高校垄断着体育资源的分配，体育项目存在着一些特殊性，它是一项具有对抗性性质的活动，有的体育项目女生参加的很少，这就在体育项目分配上出现了隐患，体育资源往往被分配到男生比例高的学院，而女生比例高的学院在分配上不占优势；还有高校的体育赛事太单一化，还是之前那几个常见的体育项目，而这些资源大多集中在几个高校之间，这都使高校的体育资源分配得不均匀，也限制了高校体育的发展。

（3）学生体育兴趣引导缺乏广延性

现在，高校大学生在学习体育项目的兴趣上有一些问题。有的大学生只是因为喜欢这个体育项目的偶像而参与到这个体育项目中来，这种同学往往坚持不了多长时间就不学了；还有的大学生能把一项体育当成自己的兴趣爱好，但只是片面地了解这项体育运动的技能层面，没有对这项体育有更深的了解，所以往往造成学习这项体育没有广延性，也打消了大学生学习体育项目的积极性。

2.自媒体时代下高校体育资源传播的优势分析

（1）资源传播的全时性和全速性

自媒体传播是比新媒体传播更快速，更及时的一种现代媒体传播方式。自媒体传播在时间和空间上更具特点，它可以把体育资源更全面地整合在一起，可以把影响扩大到最大面，也可以让体育资源实行无障碍实时传播，让大家都能够共享体育资源。

（2）资源传播的全民性和全域性

新媒体没有出现之前，高校体育文化的传播受制于传统媒体的传播。高校的体育资源也只掌握在各个高校之间，这就给高校体育文化的传播提供了阻力，这几年随着新兴媒体的出现，高校可以利用微博、微信等进行不受时间、空间限制的宣传，不仅高校和学生们可以，每个人都可以参与进来，进而把体育资源整合到一起，增强新媒体宣传的曝光度，从而有利于高校体育文化的传播。

（3）资源传播的全媒体和全渠道性

体育资源的融合和传播有多种方式，特别是在新媒体时代下，体育资源的融合可以通过四个方面来传播，它们分别是文字传播、图片传播、音频传播、视频传播。这其中可能文字的传播影响力稍微弱一点，其他三种传播方式都非常直观，这个特点也恰恰说明了新媒体传播方式的优势。当代人们都用智能手机，这也给新媒体传播提供了现代化的媒介。

（4）资源传播的去中心化和自净化

多种媒体同时发展的时代要好于过去传统媒体独霸天下的时代。首先，人们可以根据自己的需求来选择不同范围的新闻进行更多关注，比之前的固定资源信息要好很多；其次，多种媒体共同发展的时代下给予公民的话语权越来越多，让一些假消息失去了传播的途径。

3.自媒体时代下高校体育资源共享模式建立原则

高校的大学生是使用自媒体工具最频繁的一个群体，他们好学，而且愿意接受新鲜事物，同时跟得上时代的步伐，现在传播体育文化流行使用自媒体工具，如微博、微信等。这两种自媒体工具在大学生群体中普及率非常高，一是能满足不同需求的学生使用，运用这些工具观看、传播体育资源；二是能在自媒体工具上找到学生们感兴趣的体育消息。各大高校宣传体育资源的同时也可以深度挖掘校园里熟知网络信息技术与体育信息资源两者结合的人才，将这些学生当重点来培养，从而在高校里建立起体育资源共享的创新传播模式。

（1）将高校体育资源的自媒体整合作为学校大事

在高校体育资源发展的前提下，要把高校体育赛事作为发展的主体，没有体育赛事，就谈不上体育资源的传播，无论是哪种宣传模式都不起作用。高校体育资源在自媒体模式下将可以高度复制的模式用于全年高校体育赛事的报道和直播。在单项体育赛事中，可以利用自媒体的特点进行赛前的宣传、赛中的报道和赛后的采访，各个环节都可以用到自媒体；还可以利用体育文化网络宣传平台，宣传各项体育赛事，让人们及时地了解体育信息。

（2）政策扶持，实现高校体育资源融合和传播的区域优势

想要做好高校体育资源的融合和传播需要有多方力量的支持，其中最重要的就是政府相关部门的大力支持，为大力发展体育文化，国家出台了许多相关政策，各地方相关部门要努力配合高校体育资源的融合和传播，高校也可以采用自媒体传播的方式进行体育资源融合，同时构建多平台、多渠道的传播方式，让高校体育资源传播得更快速。

4.自媒体时代下高校体育资源传播途径

（1）建立各个项目资源的宣传平台

体育俱乐部的宣传方式是让各个单独的俱乐部分别建立起微博、微信宣传平台，利用自媒体的宣传方式积极推动资源的整合。

体育俱乐部的官方公众号或平台要及时向学生发布一些关于体育文化、赛事、技能、体育明星的信息，让学生及时掌握体育方面的消息，增强学生关注体育的积极性。

要利用好这些自媒体交流平台，深入了解学生对体育项目的感兴趣程度，从而更好地在高校中推广这些体育项目落地实行，还要在高校开展体育项目交流会，听取更多学生对发扬体育项目、拓展体育文化建设的建议。

各个体育项目俱乐部要频繁的举办各种交流会，还要将校园各个体育赛事错峰分配到不同时期内，以达到尽善尽美。还要利用直播平台进行现场直播，寻求更多的关注度，实现体育资源在时间、空间上不受任何限制的传播，从而更有利于高校体育文化的建设。

（2）建立小众体育的明星推广范式

在高校内开展体育赛事自然也孕育出了校园体育明星，虽然他们在校园范

围内非常有知名度，但在社会上的知名度就不高了，虽然国家对于高校体育的投入越来越大，在高校选拔体育人才也越来越多，但宣传的方式和力度还是非常窄小的。

总的来说，体育资源在高校内传播的方式有很多。比如，我们可以在校园内选出体育明星，利用自媒体进行评选，表扬在校内外参加各项体育赛事并获奖的同学，对他们进行实质性的奖励，颁奖晚会就可以用自媒体工具进行传播，以此获得社会的关注度；再者，可以让有竞技实力的学生在微视频上录制关于各项体育项目的技术学习以及战术的布置策略的内容，这样不仅能为学生答疑解惑，还能极大地提高高校体育资源的传播。

（3）使用移动媒体传播体育文化

传统媒体模式并不能更好地了解都是什么人能参与到体育文化传播中来，确定参与体育文化传播的群体难度也比较大，从而传播的效果也并不太理想，这就急需能更准确地传播体育文化的模式出现，新媒体做到了这一点，基于其强大的传播范围和影响力，吸引了很多的受众群体，人们可以更直观地观看体育赛事，迎合了大众的体育需求，也可以在评论区发表自己的观点，表达自己的意见，能够实时互动，还能够监督体育资源的传播。

移动媒体在体育文化传播上非常具有优势。首先，移动媒介既方便携带，又方便观众自发地进行文化传播，大众可以不受地域和时间限制，随时随地能够借助移动工具进行交流和互动，可以随时搜索自己想要的体育信息，还能在留言区发表自己的观点意见，观众们可以自由讨论；其次，手机等通信工具更新换代的速度非常之快，其中，以智能手机为代表的通信工具在借助无线网的便利条件下可以随时随地的观看体育赛事直播、转播和录播，这说明了移动媒体在体育赛事的传播上更具时间优势。高校要想借助移动媒体传播校园体育文化，还是要充分了解受众群体的爱好及需求，可以从受众群体感兴趣的事情上入手，以此加快高校体育文化的传播速度。

新媒体传播使高校体育资源传播的空间、速度、时空特征都有了非常大的改变。利用新媒体的传播方式，不仅让体育与当代大学生的思想意识更加接近，没有隔阂，而且也给高校体育资源的传播提供了多种多样的渠道，适合高校自身发展的路径、能给学生提供他们所需的高校体育资源，并且会推动高校体育文化的发展。

新时代新气象，高校体育文化传播的未来也和新时代联系在了一起，在有效利用自媒体平台传播的背景下，我国体育文化传播的前景也一同被描绘了出来，让我们来一同展望这美好的愿景吧。

### （三）融媒体时代我国传统体育文化的传播

传统体育文化，既是我国体育事业的基础组成之一，也是中华文化不可或缺的重要部分。伴随着现代信息技术的快速发展，传统媒体和新媒体结合而成的融媒体，在各个领域都得以广泛应用，同时也为我国传统体育文化注入了新的发展活力。对传统体育文化的传播与教育而言，在融媒体时代，机遇与挑战并存。

传统体育文化是中国传统文化不可分割的一部分，代表着中华民族历史发展的文化沉积，是在中华文明背景下独有的体育形式。传统体育文化形成于少数民族发展历程中，具有鲜明的地域性特征，是少数民族思想精神和生活状态的直观体现，也是少数民族人们通过身体活动追求身心放松的特色途径。我国传统体育文化中不仅蕴藏着以崇德尚礼、守信慎行、坚忍不拔为价值取向的体育精神与博大精深的文化内涵，而且还包含了各种各样的民族传统体育实践活动，在丰富传统体育内容的同时，影响着中华传统文化的发展。因此，传统体育文化传播与教育工作的展开，有助于促进现代体育事业发展和中华传统文化的传承与保护。

融媒体是将以微博、微信为代表的新媒体和以报纸、电视为代表的传统媒体，利用媒介载体进行多向整合，实现"信息资源的融合以及利益体系的共享"。在时代发展的背景下，传统、新媒体两种媒介方式的特点和融媒体的特点相融合，发展成了一种新的媒介特点，进而形成多媒体共同竞争模式，促进媒体发展全面提升。

1.融媒体对传统体育文化传播与教育的作用

（1）传播途径多样化

融媒体时代将传统媒体与新媒体的传播资源、传播方式、传播内容等整合运行，让大众不仅可以从电视、广播、报纸中获取传统体育文化的相关资讯，还能通过微信、微博等参与线上交流，有效提高了资源利用率，全方位推动传统体育文化传播。

（2）传播方式多元化

融媒体作为整合媒体，在人力、宣传等方面具有极佳的资源优势，再结合社会发展特点，可以产生诸多生动的传播方式。以传统舞龙舞狮运动为例，可以利用报刊宣传、电视或手机直播、网络实时互动等传播手段进行宣传，再以视频展示、舞狮大赛、舞龙表演等形式，吸引更多人了解并参与到这类传统体育活动中去。

（3）教育内容大众化

传统体育文化至今影响着高校体育文化，运用融媒体进行高校体育文化传播是一种不错的选择，可以使其更好地融入于现代体育教育，既有助于现代体育教育的发展，又可以让大学生认识到现代体育教育的优势，从而使大学生更理性的思考传统体育教学与现代体育教学的联系。

2.加强融媒体时代我国高校体育文化传播力度的策略

积极挖掘融媒体在传统体育文化中的各项应用，利用电视和网络直播平台对传统体育赛事进行实时转播，及时传播传统体育相关资讯。与此同时，通过期刊、社交软件、新闻信息平台等融媒体传播方式，向大众科普传统体育文化知识，引导人们积极参与传统体育活动。

将融媒体与信息技术、网络技术紧密结合，利用便携式移动设备，让人们不受时间地点限制，随时随地获取想要的传统体育信息。伴随着智能手机的普及，这将成为传统体育文化传播的重要发展趋势。通过微信、微博等融媒体传播方式在校园内宣传传统体育文化，有利于突出传统体育文化的重要性，提高学生对传统体育的认知度、兴趣度和参与度，从而强化传统体育文化教育质量。

在融媒体时代发展下，传统体育文化可借助各种形式的传播方式走进大众生活，提高人们参与传统体育活动的积极性，进一步推进传统体育文化教育蓬勃发展。

# 第二节　高校体育文化交流与传播的冲突

## 一、体育文化变迁的社会现实

体育文化变迁存在着文化变迁与社会变迁的双重轨道，如何协调把握并深度认识两者之间的联系是促使体育文化变迁理性化与科学化的重要考量。首先，注重文化变迁与社会变迁的双向结合。文化变迁通常与社会变迁相生相依，二者都是同一过程的重要部分，有时不加区分。但在不同语境下亦有其意义的不同。生产力的不断发展改变了原来的经济结构，我国也由此迈入了近代化，经济结构的改变也导致社会结构的改变，并引发人们文化意识的改变，社会中的所有阶层的文化观念越来越西方化，突出表现是引进西方的宗教和竞技体育项目，这加剧了社会文化观念的改变。我国的有识之士不忍心看到本土体育文化的衰落，集合各方力量大力投资本土体育文化，在抵御西方外来体育文化的道路上取得了一些成果，为我国本土体育文化开枝散叶提供了物质力量。虽然新中国在成立之初的十几年走了很多弯路，但总体上我国的体育发展以后起之秀的态势屹立于国际体育的前沿。

其次，把握文化变迁与社会变迁的双向路径。在自改革开放以来，党和国家在坚持竞技体育为国争光路线的同时有力地把握住了社会体育与学校体育发展的重要基础，但步入 21 世纪以来随着城市化等社会变迁导致本土体育文化在飘摇发展的同时其根基受到了较为严重的侵蚀，如何把握其发展与变迁成了本土体育文化发展的重要支撑。在体育事业的建设过程中应秉持文化变迁与社会变迁齐头共进的双向发展路径，只有确保在两者不断地变迁与发展中始终协调共进，才能促使体育文化发展与变迁始终遵循社会发展的方向。

## （一）体育文化变迁的双向机制

一般而言，文化变迁指文化的内容和形式、功能与结构乃至于任何文化事象或文化特质。因内部发展或外部刺激所发生的一切改变。但从变迁的理解与定义——"变化转移"的视角来看，文化变迁具有方向的不确定性，即不同于发展，变迁并非都是进步。故对于体育文化的变迁需有一定的路径选择与指引，方能对本土体育文化的复兴与发展有所裨益。基于学界对于变迁的共同认同——创新为文化变迁的基础，以及从我们对文化变迁这一理论发展与衍化的背景来看，创新与传播不外乎为文化变迁的主要推动机制。

## （二）体育文化变迁的内生机制

作为文化变迁的基础。创新对体育文化变迁起着指导性的作用。而创新的四个基本变种：长时期的变异、发现、发明、传播或借用在体育运动的起源与发展上的重要作用不置可否。例如，篮球这项运动就是由美国的詹姆士·奈史密斯先生创造的，他的创造灵感来源于投掷游戏。一天，詹姆士·奈史密斯先生在马萨诸塞州斯普林菲尔德市看见那的工人和孩子在玩游戏，他们把球投向桃子篮，奈史密斯先生瞬间有了灵感，之后就发明了以室内环境为标准的适合人们在寒冷的冬天和炎热的夏天进行的体育赛事，谁能想到一百年后的今天，篮球随着全球化进程的脚步生根在全世界范围内，而篮球也成了最具商业价值的体育项目。除此之外，社会的变迁更是让人惊叹，人类社会从原始社会过渡到现代社会也是因为人类思想的不断创新，人们的思想在社会生活中不断碰撞摩擦，以至于引发人们的思考并实践于社会，所有体育项目的出现都源于人类社会的不断创新，最后通过传播的途径形成了各种各样的体育项目。

### （三）体育文化变迁的外衍机制

体育文化变迁的催化剂是文化的传播。文化的差异也使我们对体育文化的了解更为深入，不是所有的文化传播都会被大众所接纳，体育文化也是这样。那么，什么样的体育文化会被大众所接受呢？对社会发展和人类进程有帮助、能够适应时代潮流的体育文化无疑是容易被大众接纳的。20世纪西方国家实现工业化，经济的发展伴随而来的是对外殖民扩张，西方国家把意识形态强加于弱小国家，在传播意识形态的同时，西方的体育文化也被传播进来，近而遍布在世界各个角落，国际体育文化也不再是单纯的一种体育文化，而是变成了一种麻痹被殖民国家的手段。这也引起了被殖民国家的不满，它们通过反抗来摆脱殖民国家的控制，一共有两种措施：①积极发扬和传播本土体育文化来对抗外来体育文化，阻止外来体育文化在被殖民地国家发展壮大；②慎重对待外来体育文化，在对外来体育项目训练上刻苦努力，争取在国际体育赛事上打败殖民地国家，以此来表达对殖民地国家的不满和愤恨。时至今日，本土体育文化在外来体育文化的夹击下摇摇欲坠，而政府和大众的反映并不一致，本土文化怎样才能立于不败之地呢？只有认清体育文化传播的根源，时刻迎接体育文化的创新和注重本土体育文化的对外传播才能让本土体育文化屹立不倒。

## 二、高校体育文化交流与传播的隐性冲突

高校承担为健身科研中心和活动中心、全民健身输送体育人才的重任是新时代的必然选择，这两方面相辅相成，共同合作。但是从结果上来看，受传统体制等多方面原因的限制，高校体育和全民健身的融合还存在着多方面的冲突。具体可概括为以下几个方面。

### （一）具体目标冲突

高校体育的目标任务是："增进健康，增强体质；传授体育知识、技术、

技能，培养体育锻炼的意识、习惯和能力；培养良好的道德意志品质；在普及的基础上提高运动技术水平。"现阶段全民健身的目标任务是："到 2010 年努力实现体育与国民经济和社会事业的协调发展，全面提高中华民族的体质和健康水平，基本建成具有中国特色的全民健身体系。"

### （二）实施途径冲突

全民健身和高校体育实施的途径分别是一种和四种途径，其中全民健身主要以身体锻炼为主，不具备专业素质，而高校体育则主要以教学、锻炼、训练、比赛为主，这就比全民健身具有更高的专业性，当前，全民健身在国民体育建设中属于配角地位，全民健身不强迫参加任何的体育赛事，高校体育就不一样了，它不仅受政策的指导，相关部门也都积极配合高校体育的建设，所以他们的实施途径从性质上就有本质不同。

#### 1.内容冲突

总的来说，高校体育和全民健身运动的内容所有不同，这两种内容有优点也有缺点。首先从特点上来说，全民健身主要以娱乐性、实用性为主，虽然参加体育项目之前也进行训练，但强度远比高校体育要小很多，而且也没有那么规范，相反，高校体育练习的时候就很全面而且规范，并能更好地运用所学的体育知识；其次，从内容范围来说，高校体育选择面相对较小，内容选择上也比较单一；而全民健身选择的内容范围要更宽广，大众可以按自己的喜好、自身特点来选择。

#### 2.组织形式冲突

高校开展的体育活动都是把学生组织在一起所进行的活动，而且这些体育活动有专门的教师教学，把学生们集中到一个固定的场地进行教学，而且时间都是固定的，没有特殊情况不能随便更改；而全民健身体育没有固定的组织，都是自发进行体育锻炼，没有规划性。这是高校体育与全民健身体育显著的区别之一。

### （三）实施条件冲突

高校体育和全民健身要想全面的发展，必须要有实施这两项体育的条件设施。首先，体育场地和器材是必不可少的，高校体育不仅有专业的体育场地和器材，而且还有专业的体育教练和活动经费，全民健身中体育教练和活动经费并不是必要条件，没有这两个资源，全民健身照样可以发展；其次，高校体育在发展的道路上也并不是一帆风顺的，学校在教学、训练、参加比赛之后剩不下多少经费，实际用在学生课外体育活动上的经费几乎没有。可见，在高校中推行全民健身在实施条件等方面同样存在矛盾与冲突。

### （四）效果评价冲突

实践是检验真理的唯一标准，对于全民健身运动和高校体育评价的标准是这两项体育运动在社会中的实际发展情况和实际接受度。对于这两项体育运动的效果评价标准包含：高校体育中还是要以它的教学质量，参赛程度、体育研究水平和学生体育活动的参与情况为准，全民健身运动主要以体质锻炼和身体健康这两个标准为准。由此可以得出结论，高校体育的效果评价指标是全面的、复杂的，全民健身运动的效果评价指标是简单的、具有针对性的。

## 三、高校体育文化交流与传播冲突的内外因

### （一）内因——高校体育文化的内生困境

1978年国家实行改革开放以来，我国也加入参加奥林匹克运动会的行列，意味着我国的经济不仅对外开放，体育也要对外开放，要抓紧跟上国际体育发展的步伐。这些年我国体育在国际上的发展名列前茅，还把国球推向了全世界，这是非常值得自豪的事情。但高校体育文化在本土的发展并不是很好，原因有以下几点：首先，随着我国经济的快速发展，城市化进程的不断加快，本地的人都去到大城市工作和生活，农村人口不断流入城市，造成了当地体育文化的断档，只有老人和孩子留在农村，非常不利于本土体育文化的传承；其次，随着城市人口的不断增加，村庄消失的速度也越来越快，这就加剧了本土体育文化的消亡。在现代体育文化的冲击下，本土体育文化被消耗殆尽。

### （二）外因——外来体育文化的外衍盛行

外来体育文化在改革开放以后在我国蓬勃地发展着，随着传统本土体育文化的衰落，外来体育文化在全球化的进程中在我国落地生根，贯穿到人们的生活之中，本土体育文化不能撼动外来体育文化的地位，在双方博弈的过程中落了下风。

首先，是在学校校园中，本土体育文化的传播并不顺利，相反，外来体育文化在传播中占了上风，加之，高校积极引进国际上主流的体育项目，并把它们纳入体育教学课程中来，严重削弱了本土体育文化在我国的传播。

其次，随着经济的飞速发展，国外体育项目竞技化程度越来越高，也吸引了我国本土资本的投资，这些投资者把竞技体育项目包装成商品进行商业推广，形成利益链，这也阻碍了本土体育文化的发展。

最后，我国本土体育文化在传播和宣传上力度不足间接导致了本土体育文化的内生动力不足，这一系列原因导致我们失去了本土体育文化的这块阵地。

## 四、体育文化交流与传播的路径选择

### （一）以赛养事，促进本土体育文化的发展

要在不可逆转的城市化进程中保持本土体育的发展优势，必须深挖厚植传统体育，建立并完善各级各类传统体育竞赛，以赛养事，从而促进本土体育文化的发展。

首先，坚持举办各级各类传统体育赛事与传统体育文化交流会议，在此基础上加强政府部门、体育类院校的资源共享与共建，同时引进商业运作模式促进本土体育的产业化发展，使本土体育走上常态化与规范化发展的轨道。

其次，高效利用区域内各类体育院校和综合类高校的体育科研资源，联合体育专家学者与专业体育组织。强化本土优秀体育文化的建设，做到合理规划，有效助推。

最后，推广优秀传统体育发展模范，推广优秀传统体育文化赛事。表彰奖励传统体育文化的积极传播与发展单位与人员。以广泛调动各级部门对本土体育文化的深度挖掘，促进本土体育文化的发展。

### （二）以校育人，推动本土体育文化的传承

学校体育在当今社会发展中承担着诸多责任，诸如培养学生运动技能，使学生养成科学锻炼习惯并形成终身体育意识等。学校体育在承担学生"强身育体"这一基本属性功能的同时亦肩负着更为重要的使命，即坚守本土文化体育的成长土壤，"从发展和继承民族文化应承担的历史责任和义务出发。采取一定措施，提倡选取有地域特色又切实可行的民族传统体育项目走进校园"。有

关本土体育进校园的实践效果亦佐证了本土体育文化的亲民性与可行性，一些具有民族特色的传统体育项目在少数民族地区中小学的课外体育活动或运动训练及竞赛中得到开展，收到了较好的效果。坚持将学校作为本土体育发展的主要阵地，需坚持深入贯彻国家有关传统体育文化进校园的政策与文件，树立学校体育与传统融合发展的典型，在做到以校育人的同时加强学校的传统文化氛围建设，真正使校园成为传统体育文化承接与发展的阵地。

### （三）立足传统，促进本土体育文化的融合

在国家日益重视体育在国民经济与社会发展中的重要作用，强化全民体育意识的大环境下，本土体育文化应乘势而上，立足本土体育文化的大众基础，注重融合与发展，促使本土体育文化的大发展大繁荣。首先，在重视与深挖本土优秀体育文化的前提下，加强本土体育文化自身的建设与发展，汲取其他国家传统体育在全球文化变迁中的应对经验，扬长避短，取精去糟，在立足传承与保护的基础上坚持传统体育的本土特色并进行创新性融合与改造，使其适应社会发展与文化发展的需要，逐步融入人们的生活中。其次，借助传统文化与传统节日的发展契机，搭乘传统文化复兴与发展的快车，有效促使传统体育文化的复兴。体育文化作为传统文化中富有生机与活力的重要代表，是传统文化发展与复兴的突破口。各级政府部门应加强引导，重视本土体育文化的宣传。在国家法定节假日尤其是传统节假日举办丰富多样的传统体育文化活动，促进本土体育文化的长足发展。

### （四）放眼全球，加速本土体育文化的推广

体育的独特属性使其成为全球化发展中各国文化交流的重要窗口。而在我国加大深化改革与发展，加强与世界经济文化对接交流的契机下，本土体育亦可搭载"一带一路"倡议以及孔子学院等海外经济与文化交流的通道促使其与国际接轨。结合文化输出与输入的双重机制，促进本土体育的国际化发展。

首先，重视"一带一路"的文化通道建设。"一带一路"倡议应加强文化的浸润，在促进区域与国家间经济建设的同时将传统体育文化发展放置到文化交流的主河道中，促使本土体育文化的国际化发展与推广。

其次，在国家加强中国文化的海外推广与交流过程中，孔子学院与国际间的办学交流日趋繁甚。作为国际间交流的另一有效通道，孔子学院在传播与推广汉语与中国文化的同时亦可以将本土的优秀体育文化散播到世界各地。在中

国与其他国家间的各级各类交换生中，亦可培养其对于中国传统体育文化的认识。使其成为中国传统体育文化的传播载体，使中国传统体育文化的传播与发展更富活力。

变迁是所有文化和社会制度中一种永存的现象，体育文化作为文化的组成亦难以逃离其变迁浪潮。故此，合理地把控与掌握文化变迁的方向、方式与特点，并在此基础上寻得我国传统体育文化变迁的现实路径，对于引导我国传统体育文化转向积极变迁具有重要的现实意义。内生的创新机制与外衍传播机制作为文化变迁的重要基础，对于本土体育文化的发展与传播有着重要的作用。为促进本土体育文化变迁朝向合理有序的方向发展，弘扬深挖本土体育文化，在创新传承发展机制的同时坚持融合传播双向发展，拓展国际发展空间成为当下实现我国本土体育文化变迁的有效途径。此外，应当注意体育文化变迁是一个极其复杂的过程，在社会发展中应及时对文化变迁的不适做出反应，并进行相应指导以使其走向合理化与常规化的发展轨道，使本土体育文化焕发新的生机。

# 第四章  高校体育教学内容的科学发展

我国教育的重点逐渐转移到培养出全面发展的学生、培养一个"完整人"上来。随着教育理论和思想的不断进步，体育教学逐渐在教育领域的地位和重要性不断增加。而体育教学的根本基础是体育教学内容，所以在进行体育教学活动的过程中，对于教学内容的安排和梳理是应该放在首位的。本章分为体育教学内容概述、高校体育教学内容的编排与选择、现代高校体育教学内容的科学发展三部分，主要内容包括体育教学内容的概念、体育教学内容与体育运动内容的区别、体育教学内容的特点、体育教学内容的分类等。

## 第一节  体育教学内容概述

考虑到体育教学内容具有复杂、涵盖面广的特点，对体育教育内容的充分理解是顺利深入开展体育教学内容的良好保障，为了每个体育教育工作者都能在体育教育领域做好工作，明确且理解体育教育的内容是必要的基础。

### 一、体育教学内容的概念

体育教学内容是根据当前国家的教育方针指导，为实现社会需要体育教育达到的目的制定出来的，从受教者实际发展需要出发，结合受教者身体实际素质以及教学条件综合考虑分析，应在体育教学环境下开展体育常识、体育技能和竞技技巧等教学项目的培训。体育教学的目标是由内容决定的，其依据是学生在学习和发展的过程中所展现的需要以及体育教学活动中必需的教学条件，综合二者最终整合出了体育教学目标。其内容随着社会需求的变化发展而不断改进。

体育教学内容，旨在实现体育任务、达成体育教育的目标，各种体育训练、体育技能学习和竞赛在进行加工改造后，以体育课程教学形式反映在课堂中。它主要体现在体育教材中。

同时，体育教育内容是教师和学生在实际开展体育教学时的重要实践参考材料。体育教学内容是参考了前人们在实际操作中得到的经验和教训，按照一定的原则和规律，根据现代社会中人们需求的教育标准而拟定的，是基于丰富的体育教学实践知识和体育技能的重要选择。体育教育内容依赖体育教育的进行而发生，教师按照体育教育内容施教，被教育者学习体育教学内容。此外，体育教育的相关方法和教学方式也取决于体育教育的内容，直接关系到体育教学目标和课程目标能否实现。

体育教育内容主要包括两个方面：一个是体育方面的理论知识，另一个是学生需要实际去操作实践的体育技能。体育教育的内容不同于普通教育内容，在选择和整合过程中必须根据学生的发展需要和教育条件来进行合理规划，在学校体育教育环境下以锻炼大肌肉群活动的方式，锻炼学生的身心素质和体育竞技能力。

体育教育的内容也有不同于竞技体育运动的内容的部分。教学是体育教育内容的主要目的，通过教学确保学生能够获得教师教授的体育知识或技能。竞技体育训练侧重点是在实际竞技练习中获得经验、增长技能，最后达到提高体育竞技水平和比赛技能。在一些实际例子中就可以看出体育教学内容和竞技体育内容的区别，专业运动员参加奥林匹克竞赛或各种规格的国际竞赛来力争取得最好成绩，这些项目都是为了在公平竞争的原则下取得最佳成果，因此无需展示什么有关体育教育的目的。但是当某些体育项目被视为体育教育的一部分后，则必须适当考虑到学校的现阶段教育目标，并考虑到学生的身心健康发展以及学校的实际教学情况。如上所述，体育教学内容和竞技体育运动的内容还是存在很大的差异的。

## 二、体育教学内容与体育运动内容的区别

首先，体育教学内容的存在保障了体育教学正常进行，但是体育教学内容与体育运动内容之间也是有着细枝末节的不同的，身为体育行业教育者或研究者，必须将二者的区别了然于胸，才能进一步深入地理解体育教学内容。在专业的探讨和分析后，得出的体育教学内容和体育运动内容二者的异同如下。

### （一）服务目的不同

体育教学的主要内容是教育，是为了保证学生身体和心理健康全面成长，是更倾向于指导性和书面性，将教学内容中的娱乐性和竞技性作为主要的服务

目标，对于体育活动中的实践性具有很大的指导意义。体育运动内容是以提高竞技运动水平、夺取胜利为主的，其服务的目的较偏重于教学内容的娱乐性和竞技性，对教学活动而言具有很强的实践性。

### （二）内容改造要求不同

随着教育需求的不断深入，体育教学内容也要有相应的改变，从而跟上、满足时代和社会的需求，达到体育教学内容为社会培养优秀人才的目的。所以体育教学内容要进行修改和完善。而相对的，体育运动内容无需经历这种改造。

## 三、体育教学内容的特点

### （一）多样性

由于起源方式和文化背景的不同，体育教学内容功能也存在着区别，体育内容的传统起源影响对体育教学内容认知。考虑到这些原因的存在，在体育教学活动中，要根据实际情况对症下药、因地制宜，从而使体育教学得到有序顺利开展。

### （二）实践性

体育教学内容是需要学生通过肢体和大肌肉群的配合作用才能完成的、具有教育实践意义的教育活动，实践性是体育教学内容不可忽视的一个重要特点。不同于其他学科是通过在室内课堂上的讲授、习题等方式达到教学目标，体育教学内容无法单纯通过讲授理论的方式来完成传授，实践是体育教育的主要进行方式，必须要通过实际的体育运动才完成。国家规定的教学目标中也包含心理健康部分，但是在体育活动中达到对学生心理健康的引导也是一种方式。综上，实践性也是体育教学的特点。

### （三）娱乐性

大多数体育活动是由人民日常生活中的娱乐性活动进化而来的，娱乐性在学习运动内容和竞技体育的竞争、合作、超越等方面都有体现，包括在学生对于新的运动项目的体验和掌握的成就感上，也体现在体育环境、场地、竞争规则、竞争形式等方面。当学生参与体育教育内容时，一定是因为对这项体育项目感兴趣，才会主动去接触和学习。

### （四）健身性

大多数体育教学材料是以肌肉运动的形式开展的，无疑为身体造成了一些肌肉负担，所以要在合理的范围内参加体育运动和体育锻炼，才可以发挥健身作用。但是由于学习时间的安排、学习目标的优先次序等因素，这些练习常常无法保证按计划顺利进行，也就是说处于一个不受控制的状态。在实际教学中为了保证体育教育内容的完整性，教育工作者做出了许多努力，比如根据学生的不同身体部位特征和不同受教育者的不同身心特点来制定科学化训练计划，对于运动强度进行合理规划，并评估每个教育部分的效率。可以得出，健身性是体育教学独具的特点。

### （五）开放性

团体活动是体育教学一种重要的进行方式，人们在体育、训练和竞赛中的互动非常频繁，这使得体育教学内容比其他教育教学内容更具有人际关系交流上的开放性，体育教学内容基于人与人之间的交流，对于集体精神的培养很看重。在体育教学过程中，教师和家长、学生和学生之间建立了更加紧密和开放的联系。在以团体为单位进行的活动中，团队工作之间的划分更加明白清楚，这使得体育教育中的角色变化性远远超过了其他学科，有利于学生发展健康的人际关系。

### （六）空间约定性

在体育教学中，很多内容都要在规范场地进行，比如沙滩排球、篮球、跳远等，正是由于这种对于空间的要求，导致体育教学活动中对于场地有很大的要求、限制和依赖，这使得空间、器材、道具、规范的场地也成为体育教学的不可或缺的部分。

除此之外，还存在三个较为明显的特点：第一，素材极多；第二，内在的逻辑性并不强，在进行教学内容安排时没有办法完全依据困难度和学生的准备程度来列出先后，彼此之间基本是平行并列的，比如足球、游泳、铅球等；第三，"一项多标"（一种运动项目可以起到多种锻炼效果，比如健美操既有观赏性，又可以塑造形体）和"一标多项"（指不同运动都可以达到同一种训练效果，比如俯卧撑和吊环都可以起到锻炼上肢肌肉的作用）。

因为以上所述的体育教学内容固有的特点，在制定体育教学内容的时候也具有了一些特点：时髦性（因为多种新型体育活动类型的兴起）、多变性。在制定体育教学内容计划时，可以根据上述新型的特点来选择不同的锻炼项目和教育目标。

## （七）内容更新速度快

由于体育教学本身要求的高实践性，以及在教学过程中受到的地区、政治、经济、文化各方面差异的影响，体育教学内容比一般学科的复杂性要强，运动形式不断更新，旧的方案会被不断淘汰，教育工作者在实际进行体育教学时有时候是具有一定的障碍的。为了能够跟上时代的步伐，在体育教学中要不断总结得出经验教训，并且根据时代的进步对于教学内容进行更新换代。

## （八）内容之间彼此平行

体育教学涉及的种类和部门非常多，而且各个不同的类别之间共通点很少，彼此之间基本是没有互相牵制和关联的。比如，体操和田径，就是比较平行无关的两种体育内容，不存在清晰的逻辑关系，在教学和实践中二者也没很多互相参考的意义。

## （九）教学任务不同

体育教学在各个时代的教学要求都不同，不同种类的教学内容对应的教学目的和教学任务也存在着区别，比如在教学中设置体育锻炼的时长是为了提高学生的身体素质水平，举办竞技活动可以提高实际比赛的体育应用水平、培养团结的精神和合作意识等，所以在实际开展教育活动的内容选择方面，必须要针对所要达到的教学目标进行选择。

## （十）体育教学内容与教育内容之间存在共性

教育内容包含体育教学内容，它们存在着一定的共同之处，以下是具体体现。

1. 教育性

体育教学是一种关于身体素质和心理健康的教育形式，当人们选择这些体育活动作为体育教育的组成部分时，最先被考虑的是教育性。体育教育的教育性可以在以下方面体现出来。

（1）有利于学生的身心健康

体育运动主要是训练人体肌肉，教授学生适当的体育运动方法，在对抗性运动、集体体育运动和竞技中养成健康的生活方式和完整人格，它可以有效影响学生的身心健康。

（2）对学生成长具有积极的影响

具有正能量引导意义的体育教学内容，可以帮助改善学生的心态，塑造学生坚毅的品质，引导学生形成正确的、积极的价值观，对学生的成长过程有着正面作用。

（3）二者的内容的设计具有普遍性

由于体育教学内容的受众是参与教学活动的所有学生，所以教学内容的设计是有普遍性的特点的，这意味着教材必须适合大多数学生，才能保证教学活动的顺利展开。

2. 科学性

体育教学是组织性和计划性很强、为了达到教学目的而进行的教育活动，其主要是为了引导和培育学生的身心顺利发展。所以体育教学内容的科学性应当与学校的其他教学内容一样重要，体育教学的科学性可以在以下几点体现。

（1）体育教学具有很强的针对性

由于体育教学的目的是为社会培育心理和身体都健康良好发展的青少年人才，体育教学内容反映了人类社会的文明，再者体育活动中的实践性是无法忽视的，所以体育教学必须有一定的针对性。

（2）教学内容符合学生的需求

为了使体育教学内容能够发挥其最大的服务性，对于教学内容要进行精细的筛选，保证选出来的内容适合学生的身体素质和各方面需求，只有体育教学具有指导性，才能对教学过程给予参考的价值。

（3）遵循体育教学的规律和原则

每项学科的教学都有其所包含的规则和原则，而体育教学的覆盖面较广也较为繁杂，为了能使教学进度按照计划和目标顺利实施，要在选择符合体育教学科学规律的内容，确保体育教学的科学性。

3. 系统性

由于体育教学的繁杂性和广泛性，对于教学目标的要求是很高的，在内容安排时要注意各部分知识之间的关联性和系统性。体育教学的系统性体现在以下几个方面。

（1）教学内容本身的系统性

由体育内教学的内容能够得出，复杂性在体育教学的过程中是贯彻始终的，但不同板块的知识之间又存在着关联性和逻辑关系。比如，在进行低年级学生的体育教学时，应该通过一些简单的方向指令训练来训练学生形成方向意识，然后再展开其他体育教学内容的教学。可以得出，系统性是体育教学内容本身具有的特点。

（2）体育教学目标的系统性

在教学过程中要牢记一切从体育教学特点出发，根据其特性、不同学生的差别性及教学环境的不同等，牢记体育教学过程和内容之间的规律性，参照学生的成长轨迹，系统性地制定不同类学生的教学计划，使不同任务之间达到平衡。

## 四、体育教学内容的分类

我国体育教学理论和实践中，体育教学内容的分类方法有很多种，以下是几种主要的方法。

### （一）根据人体基本活动能力分类

这是在体育教学实践中比较常见的一种分类方式，它是以人的走、跑、跳、投、攀、爬、钻等动作技能划分体育教学内容的。

### （二）根据身体素质分类

以力量、速度、耐力、柔韧、协调等身体素质对有关体育教学的不同内容进行分类的方法，有利于达到身体训练的标准。

### （三）根据运动项目分类

体育教育中最常用的内容分类方法是按体育项目的名称和内容进行分类，该分类方法与社会竞技运动是相同的，它的名称和内容都很容易理解，有助于了解和掌握竞技运动文化。

### （四）根据项目群分类

《高中体育与健康课程标准》根据课程的教育目标安排教学内容，改变了传统的课程分类，重点是按照项目群目标对项目进行分类，将高中体育与健康课程内容划分必修和选修两部分，设置水平五和水平六两级学习水平，共有包括球类项目、体操类项目、田径类项目、水上或冰雪类项目、民族民间体育类项目、新兴运动类项目六个技能系列及一个健康教育专题系列七个系列。分类扩大了更广泛的体育教育体系，扩大了范围广度。

综上所述，由于对体育内容的理解和不同的分类标准，体育内容的分类方法各不相同。

# 第二节　高校体育教学内容的编排与选择

## 一、体育教学内容的编排

### （一）体育教学内的编排模式

体育教学的课程内容设计必须在一定的策略框架内进行，现在螺旋式排列和直线式排列是体育教学内容的主要编排方式，同时还包括以上两者综合在一起而得到的混合型排列方式。本节着重分析了螺旋式排列和直线式排列的教学内容编排模式，内容如下。

1. 螺旋式排列

体育教育内容的螺旋式排列是当同一运动教学内容在不同年级重复出现的时候，不断提高对教学的要求的一种方法。

在过去的教学大纲当中对螺旋式排列的解释不多，实际上，螺旋式排列并不只适用于对于身体素质塑造帮助很大的教学内容。而是因为有一些体育教学内容难度很大且具有深度，所以学生要想深刻掌握必须要进行螺旋式教学。

2. 直线式排列

不同于螺旋式教学内容的排列方式，直线式教学内容的排列的意思是一项体育运动项目和身体练习的内容出现过后基本上不再重复出现。

国家体育教育方案在直线式排列的教学内容方面不清楚，且几乎全部的体育教育方案都没有详细说明这个问题，大多数都只提到该方法适用于体育卫生知识的教学。这就是为什么直线式排列的适用范围是体育教学内容编排工作中的一个被忽略的重点。

随着体育教学的发展，为了更加科学地编排体育教学内容，提升教学成果，体育教育工作者要在对于体育教学内容的编排过程中考虑更加细致，注意教学内容的周期循环现象。

研究表明，在体育教学内容的编排当中，存在循环周期的现象。循环意味着同一教学内容在不同的学段、学年中进行的重复教学安排，这被称为循环周期现象。这种循环的周期可以是课、单元、学期、学年、学段等。如连续两堂课都安排一分钟跳绳练习，这就是以课为周期的循环。而连续两学期都安排一分钟跳绳练习，则是以学期和单元为周期的循环。

体育教学内容的编排可以按照不同的内容性质分为以下四类。

① "精学类"教学内容——充实螺旋式。

② "粗学类"教学内容——充实直线式。

③ "介绍类"教学内容——单薄直线式。

④ "锻炼类"教学内容——单薄螺旋式。

上面的体育课程编制方法符合新课程标准对体育教育内容的要求，并以体育教学理论为基础，考虑到体育教育各个方面的现状，体育教育的各个方面都进行了创新的整合，因此，上述几种体育教学内容编排方法正在被广泛应用于体育教育的改革，从而有助于实现体育教育的目标。

## （二）体育教学内容的编排方法

### 1. 简化的教材化

指将各种正规的竞技运动项目在一些方面（包括赛制、能力要求、运动器材、比赛场地等）进行合理简化，使其能更好地融入校园教学中去，现代体育教学中使用最广泛的一种方法就是对教学内容进行教材化。

通过简化教材法，可以让原本复杂的运动项目更贴近普通学生，适应学校施教环境、学生身体素质、锻炼需要，更好地配合想达到的教育目的，让体育教学的普及变得更加切实可行。

### 2. 理性化的教材化

该方法是以体育项目的原理和规则的分析为基础，并将分析结果运用在教学过程中的一种教材化方法，这种方法适合有一定体育基础的学生。

### 3. 实用化、生活化、野外化的教材化

实用化就是将教育内容与实践技能联系起来；生活化则是将课堂内容和实际生活结合一起；野外化则是将运动地点从安全规矩的室内转变到野外，也可以将依赖标准场地才能进行的运动改成是野外运动，增加一定的刺激性和惊险

性，激发学生的兴趣。这些方法能够与现实生活与不同体育教学内容的需求相结合，教学内容的趣味性得以增加，学生的学习兴趣也会提高。

4. 游戏化的教材化

许多体育教学内容都比较无趣乏味，如跑、跳、投、体操、游泳等运动项目，所以选定教学项目后的内容改造还是有必要的，游戏化的教材化是一种常规的方法，将单一的活动用故事性关联起来，吸引参与者的注意力，同时不大幅度改变训练的性质，在提高练习效率方面可以发挥很大作用。

5. 运动处方式教材化的方法

运动处方式教材化的方法是指在遵循锻炼原理的基础上，对运动的强度、重复次数、速率等因素进行组合排列，并考虑到学生们的身体素质差异性，组成处方来进行体育锻炼和教学。这种教材化方法不可或缺，因为它十分有利于教导学生利用运动处方进行身体锻炼。

### （三）体育教学内容编排的注意事项

1. 注意学生基础和教学实际

在编排体育教育内容时必须符合学生的实际需要，才能进一步提高体育教育的质量。具体来说，教师在体育教育中不仅要考虑到体育运动的复杂程度，也要考虑到学生的实际需要、学生的身体素质和体育能力基础以及生产发展在不同阶段的不同特点，科学地组织体育课程的内容。

2. 强调不同体育运动和身体练习特征

体育教育内容涵盖很广，在进行内容编纂时，必须侧重于对体育技能的教育、改进、巩固、提升以及实际运用各种体育技能，必须认识到，体育教育不仅应使学生能够理解相关的体育知识和技能，而且还应使学生能够在日常体育运动中熟练应用学到的东西。这要求教师在编排教学计划时和教学中要强调不同体育项目的特点及用途。

## 二、体育教学内容的选择

体育教育内容对体育教育十分重要，体育教育内容的选择对体育教育的整个过程产生了重要影响。教师和学生之间通过体育教育内容相互关联在一起，以加强师生之间的信息交流。一般而言，体育教育制约着体育教学方法和教学手段方面，利于实现体育教育和学校课程的目标。为了满足现代社会发展的需要，体育教育的内容必须以一定的原则和依据为基础。

## （一）体育教学内容选择的依据

### 1.体育课程目标

体育课程多种多样，各种体育项目和运动锻炼之间也是可以互相替代的，这使得体育教育的可选择性增加了，所以体育教育内容的选择必须有规范作为基础。

教学内容选择要依照体育课程目标，因为在每一个教学阶段中，体育课程目标都是指导着教学内容的编制内容和方向的，因此，专家们对其进行了深入的思考，对所有方面可能产生的影响进行了仔细的检验，所以体育课程目标是进行体育教学内容时必须遵守的，不同的目标版块都有对应的课程内容。

### 2.学生的需要及身心发展规律

体育教育是为了促进学生的身心发展，因此为了能达到有效学习的目标，学生对体育的需求和兴趣对体育教育内容的选择至关重要。有效学习需要学生发自内心的感兴趣和积极参与，在感兴趣的事面前，他们的投入动力会大大提高，学习效率也会随之增长。这在很大程度上符合一些观点：如果学习的动机是非自愿的、不是出于真心感兴趣而进行的，那么在某种程度上来讲，这样的学习是无用功。这项研究也非常符合这一观点，即学生们现在对参加课外体育课程非常感兴趣，但对体育课却缺乏兴趣，其实很重要的原因就是学校开设的课程枯燥无趣。

学生接受教育的程度取决于他们的身体和心理发展及其特点，这意味着体育教育内容的选择必须是他们能接受且有兴趣的。因此，在选择教育内容时要注意不能忽略学生的个体性和差异性，它们的存在影响着教育内容的选择。

### 3.社会发展的需要

学生的个人发展不能与社会发展分开，而体育教育可以成为学生健康的良好基础，这就要求在选择体育教育内容时，必须考虑到学生本身的需要和社会发展的现实需求，要将体育教育结合现实和生活，以便它的职能得到最大发挥，学生能最大程度体会到体育教育的重要性。因此，选择体育教育的内容必须符合社会现实。

4. 体育教学素材的特性

体育教学素材是影响体育教学内容最重要的要素，而其最重要的特点是其内部逻辑关系不是很强。因此，体育教育内容的选择无法完全取决于与体育教育内容的难度大小和学生素质。体育教学内容通常以体育项目来分类，但是各种教育内容之间是平行并列的，如棒球和网球，健美操和拳击等，似乎是存在某种联系，但这种联系并不很清楚，没有任何先决条件，也无法确定谁是基础，故而无法确定体育教学内容内在的规定和顺序。

第二个特点是在体育教学素材中是存在"一项多能"和"多项一能"。"一项多能"就是指经过一个运动项目的练习就可以达到很多训练目的，也就是该项目是目标多指向性的。比如跳绳，一部分人通过它来锻炼心肺功能，另一部分人想通过跳绳达到减脂的效果，所以跳绳运动就可以满足多个不同的需求。可以见得，掌握一项运动后学生可以实现很多目的。而"多项一能"体现了体育教学内容彼此之间是存在互相替代性的。比如想练习投掷力，可以通过掷沙包、投铅球、推铁饼等不同方式来实现；而如果想在体育活动中愉悦心情，那么打篮球、滑冰、乒乓球等运动都可以达到目的。这些例子正说明了为实现预期目标，可以有多种运动选择。这些特殊性的存在，导致体育教学中没有必须存在、无法替代的项目，体育教学内容并不具备很强的规定性。

第三个特性是体育教学素材的数量是非常巨大的，且内容十分繁杂、难以分类。人类文明发展了几千年，诞生的体育项目多种多样、内容丰富，不同的运动项目对于练习者的体能要求也都不尽相同的。因为上述的复杂情况，没有教师能够做到教授全部的体育项目，这意味着体育教师要做到一专多能。找到最合理的组合并且在体育教学内容中完美实践也是极具难度的，总结出适合绝大部分地区和不同教育情况的教材更是几乎不可能的。

体育教学素材的第四个特性就是在不同的体育运动的中注意力集中点和乐趣之处都是不同的。比如足球、篮球等，如何在紧张刺激的对抗中，通过高超的技巧、团队合作和队友之间的默契赢得比赛，是最大的看点，而在隔网类运动中，对抗双方如何利用场地和不同位置之间的配合保持球在自己区域不落地是最具趣味性的。可以见得，不同体育项目之间的趣味性是不同的，这使得"乐趣"成了体育教学内容选择中必须考虑的要点，这也是支撑"快乐体育"理论的有力论据，也是该理论在体育改革进程中得以发挥重要作用的原因。

## （二）体育教学内容选择的原则

### 1. 教育性原则

应当首先从教育的基础观念入手对教学素材进行分析讨论，要明确它与教育原则的符合程度、与社会当前价值观的同步度，更要分析它是不是对学生的生理心理健康成长有所帮助。

选择的体育教育内容必须符合体育课程的主要目标，将"健康第一"的思想作为体育教育内容的最基本出发点，同时强调体育课程的文化性，使学生在逐渐熟练掌握体育技能的过程中也能更深入地感受到体育文化修养所带来的积极影响。学校体育在培养学生适应能力时要考虑到学生的个性、智力、道德素质和身体素质的发展，理论结合实践，引导学生真正能够熟悉人体科学知识，做到内在外在双重健康发展。在选择体育教育的内容时必须充分考虑每个学生之间的差异性和特点，也要考虑不同年级学生之间的发展规律，他们的个人差异和需求大不相同，必须充分保证到每个学生都能从中得到有效的教育。选择的体育教育内容也必须符合所有方面的可实践性，以确保有灵活的选择空间。

### 2. 科学性原则

体育教学内容的选择必须符合科学性原则，"科学性"包含下面三点含义。

（1）教育内容的选择应有助于协调学生的生理和心理同步发展。需要注意的是对学生身体健康有帮助的活动不一定对心理健康有益，反之亦然。所以，在选择教育内容的时候一定要兼顾学生生理健康和心理健康。

（2）教育内容还应使学生能够深入了解科学运动的原则和方法，从而提高他们在体育运动时的积极性和主动性。

（3）教学内容自身的科学性。如今国家对体育教育内容的限制已经减轻，限制和规定减少，所以要确保一些没有足够科学性的体育教学项目出现在体育教学内容中。

### 3. 实效性原则

用来判定体育材料是否有用、是否便于实行、是否对学生的身心健康有益。在选择体育教育内容时，必须同时考虑到学生对体育的兴趣和经验，应选择与学生自身经验相接近和民众接受度高的，重点放在体育活动娱乐性和促进学生终身体育兴趣发展上。

### 4.趣味性原则

兴趣是最好的老师，所以要把学生的感兴趣程度、趣味性和在社会上的流行程度当作选择教育内容的重要考虑因素。毫无疑问，大多数体育项目对健康的积极影响和教育价值是不容置疑的，但长期以来，体育教育工作者总是过分关注体育竞技项目教学的完整度和系统性，用专业运动员的标准要求普通学生，致使很多学生觉得乏味，产生反感和抵触心理。

### 5.民族性与世界性相结合的原则

选择体育课程的内容时，应该努力做到把中国传统文化里优秀的内容和外来的文化精华加以融合，不妄自菲薄也不盲目自信，体育教育的内容要随着时代的进步而有所改进，且要反映当代中国的特点。

## 三、体育教学内容的选择技巧

体育教育有很多种类，一种项目可能有各种不同的功能，同一种训练目的也可以通过不同的训练内容来实现，因为分给体育课堂教育的时间是有限的，教会学生所有的体育项目既不可能也不必要。因此，在一线从事教学工作的老师必须认真科学地选择教学内容，这里需要特别注意以下三个方面。

### （一）满足学生身心发展的特殊性

各个年龄段的学生具有不同的生理和心理特征，身体适应程度和爱好方面大不相同，教学内容越贴合他们的身体发育特征、越有活力、学习成果越多，他们越喜欢体育和体育课程，参加体育教学时就会更活跃、更积极，教学效率会大大提升。

### （二）与学生生活建立紧密联系

在学生的课余生活中，与体育活动相关的经验和活动很多，比如城市学生也许在篮球、羽毛球、乒乓球等方面的体验经历和感悟较多，农村地区的学生可能对野外活动如攀岩、跳、跑、与水相关的活动有很多感受和经验，而少数民族地区的学生可能对民族化的特色项目有着丰富体验经历，例如武术、跳术、骑术、马球、狮舞、杂技等。在体育教育领域，如果体育教师能够注重选择与学生生活经历和生活实际密切相关的教学项目，那么他们对体育教育的热情、动力和积极性就会大大增加，体育学习的成果也会显而易见地增加。

## （三）要重视提高学生的终身体育能力

学校体育必须要着眼于学生的未来发展，兼顾学生个体的差异和未来终身体育发展的需要。要充分考虑学生兴趣的多样化需要，更好地加强教学内容的选择性，设置具有不同特点的体育教学内容，诸如室外运动、野外运动与水上运动项目等。

另外，科学地选择体育教学内容除了要考虑上述几个因素之外，还应该把握好几个原则，如选择性与实效性相结合原则、健身性与文化性相结合原则、民族性与世界性相结合原则等。

总的来说，体育教学的内容必须基于教育目标，在不同层次上制定符合各自实际的教育目标，对不同体育项目和体育训练的基本功能进行分析，以此为基础，开展体育项目和体育训练的整合。显然如果体育教育依旧停滞在以前的模式中，不能符合教育目标的要求，不能适应社会的发展和学生的实际，那么体育教育就失败了。

# 第三节　现代高校体育教学内容的科学发展

在学校教育中，现代体育教学有着很高的地位，是素质教育的重要组成部分，教育事业工作者要继续深入研究体育教学改革，努力总结出更现代化和更适合学生体育发展的新体育教育形式，以便最大限度地提高体育教育的效用。

## 一、现代高校体育教学内容

与其他教学内容相同，体育教学内容也是跟随着社会发展和教育事业的进步而不断改进的。

## （一）体操和兵式体操

在公元前七世纪，古希腊就出现了一些职业鼓励年轻人和公民参与竞技，与此同时医学和营养学开始进步。公元前五世纪，开始出现"体操术"以及"体操家"等字眼的记载，但在那个年代它们没有明确的解释和分类，但是根据现在的分析，体操书涵盖了竞技体操术（本质是对于竞技比赛技巧的训练）、医疗体操术（内容等同于运动疗法和保健措施）、教育体操术（关于体操的教学）。英国和德国是兵式体操中比较有代表性的国家，近代的学校体育体操教学正是由兵式体操和北欧地区的器械体操融合进化而来的。后来随着后人对其内容和形式的不断改进和丰富，体操最终成为了现代体育教学内容的重要组成部分之一，大多数国家的体育教学内容现在都有与体操相关的内容。

### （二）竞技类体育运动

竞技类体育的历史十分悠久。早在近代学校出现之前，全球各国就都已经出现了各类游戏了，我国古代就有蹴鞠、骑马比赛等竞技类体育项目的记载，欧洲地区则是以骑马、投圈为主。由于人民的兴趣旺盛，随着时间的推移，这些项目逐渐形成了系统的规则和完整的体系，成了正式的体育运动项目。后来，工业革命导致英美的先进体育竞技运动迅速发展，棒球、足球、篮球、橄榄球、羽毛球、排球、乒乓球等现代体育竞技项目开始成型，同时发展的还有从跑、跳、掷等基本人体活动延伸来的田径项目。随着近代殖民主义的扩张以及教会学校的传播，上述的体育竞技项目逐渐传向全球各国，成为各个国家学校体育课程的核心内容。竞技体育运动在娱乐和健康方面都发挥着重要作用，所以在青少年中的受众很广，因为竞技体育项目成了现代体育教学中最重要和最丰富的内容之一。

### （三）武术和武道

古代的体育教育主要内容主是武术教育，内容注重军事性和实用性，我国奴隶时代中教育的"御""射"，古欧洲和中世纪欧洲以骑射和剑术为主的"骑士教育"，以及在其他东方国家各种形式的冷兵器训练，还有武术、柔术、防身术等。随着现代军事科技的迅猛发展，对抗性的军事技术慢慢不再有用武之地，转而朝着强身健体、修身养性的方面转变着。如日本的合气道、空手道、剑道，韩国的跆拳道等，他们在精神意志培养方面的特殊魅力一直受到世界各地青年人的喜爱，因此在许多国家的体育教育内容之中也有一席之地。

### （四）舞蹈与韵律性体操

舞蹈是古代社会上最常见的用于祭祀典礼等场合的运动，也是深受各年龄民众喜爱的体育运动。在我国出土的敦煌壁画中，就有多人聚集共舞的画面记载，在世界其他地区，舞蹈也是各民族文化的重要组成部分。在现代学校中也很早就出现了，而和舞蹈相似的各种以韵律性和观赏性为特点的运动也逐渐发展起来，比如韵律体操衍生出的健美操、艺术体操等，舞蹈的分支渐渐明确，出现了民族舞蹈、体育舞蹈、创作舞蹈等。舞蹈和音乐在身体、新陈代谢、美丽文化和音乐方面发挥着特殊作用，学生们从一开始就非常喜欢这些内容。舞蹈在美观性和锻炼身体方面的效果都十分可观，所以在进入教学内容后十分受欢迎，舞蹈和韵律体操及其衍生运动不仅有舒缓身心、陶冶精神的好处，对于人身体美感和节奏感的培养也很有帮助。因此，舞蹈和韵律操慢慢成为体育教育的重要组成部分，今天大多数国家的体育教育内容都包括舞蹈和韵律操。

根据分析和比较，在实际体育教学活动的开展中，上述种类体育教学内容的占比有所不同，且在不同国家的受重视程度也不同。

## 二、体育教学内容的发展趋势与新体系的构建

根据目前学生对体育教育内容的态度，可以得出存在以下几点问题：他们认为体育教育的内容是缺乏吸引力的、枯燥无味的；对于一些生理上有难度的项目来说，学生存在着恐惧和抵触心理；对于一些体育教育内容最后都开始用"达标"来衡量，大多数学生是不满和抗拒的。这些问题都反映了体育教学内容急需发展改革的现状。

### （一）体育教学内容改革与发展趋势

随着体育教育改革的深化，现在体育教学内容改革出现了以下趋势。

（1）从单纯强调体能发展转向以学生身体素质、心理健康和社会适应能力为重点的综合性发展。为了跟上素质教育深化的进程，体育教育内容的选择和制定必须符合素质教育的要求，不能单纯以"达标"为目的，必须充分发展学生的身心素质健康和社会适应能力，培养学生成为均衡健康发展的人才，为其将来为社会主义事业奋斗终身打下坚实基础。

（2）学校的体育活动是以终身体育为基础的，为了给学生终身体育事业打下坚实基础，必须平衡好体育教材中健身性、文化性和娱乐性的关系，并且在选择教学内容时倾向于同时具备健身价值且在生活中具有常见性的运动项目。

（3）由规定性逐渐转变为选择性且按照学段不同逐级分化。在过去的体育教育方案中，我们希望能整合不同体育项目，而体育项目之间的逻辑联系是比较薄弱的，关联性和相似度较差，所以其实并不能根据逻辑来整理运动项目，将综合性很强的体育学科体系化是一个很严峻的挑战。在未来选择体育教育内容时，更加注重的是不同体育项目自身的规律性，选择标准偏向于趣味性、大众接受度、普及度以及项目的时代性，且由于不同年龄和阶段的学生的内容和需求不同，要采用"选择制教学"。

（4）物质教育的选择和定义不仅限于社会发展水平和学校教育水平，也受限于高校师生的价值观。在过去的体育教育方案中，选择和确定体育教育的内容更加重视体育教师的体育教育内容价值取向。但现在随着学校体育课程的改革，体育课程的定义和内容的选择将更加符合学生的需要和取向，即教学内容必须适用、服务于学生。

（5）新的体育、娱乐项目和传统民族体育项目开始作为体育教育内容受到特别关注。近些年来，新鲜的体育运动形式随着社会和网络的飞速发展如雨后春笋一样涌现出来，喜欢追随时尚的青少年自然也对新鲜的、时髦的、带有娱乐性质的体育运动项目更加偏爱，所以体育教育内容必须破除过去几十年一直是传统体育项目统领教材的情况，开始特别关注并纳入一些新的体育项目。当然，我国各民族的传统体育项目也各具特色且各有益处，可根据当地的情况进行设计和选择。

## （二）体育教学内容新体系的构建

体育课程内容体系的构建与学生体育需求的扩大和体育功能的扩展具有密切关系。从整体上来看，目前体育课程内容体系是由身体教育、竞技教育、娱乐教育、保健教育以及生活教育等方面共同构成的。

### 1. 身体教育

体育教育的重点是身体素质教育，包括生理和心理的教育。更具体地说，它的发展目标主要集中在加强运动能力方面，如跑、跳、掷、攀爬、悬垂、支撑等方面的能力；也注重发展关于人类运动素质的方面，体能、肌肉力、有氧耐力和灵活性等都是与健康有关的运动要素。体育教育的关键目标是加强学生的体育素养能力和以后长期体育运动的能力。

### 2. 娱乐教育

这类教学内容主要是以放松为主的娱乐活动，具有游戏性和表演性，在日常生活中可以随时随地开展，不同民族都有各种各样的娱乐性教育活动，将其作为体育方案加以引进是一个有积极意义的选择。

### 3. 保健教育

这类教育主要包括开展安全和健康体育运动所需的常识和技能和必要的生理卫生保健知识。体育课程中很重要的是引入运动理论和实践，并确保健康教育与体育实践密切相关。

### 4. 生活教育

这种教育的重点是防卫能力培训、拓展练习、风险教育和健康生活教育。当代大学生正在被城市化所影响，虽然生活越来越好，但是偶尔会有觉得乏味的时刻，重新回归自然、感受自然生命力、接触自然生态变成了新的价值追求，这种追求价值的方式为扩大新的体育方案提供了有利的条件。

### 5. 竞技体育

这类教学的内容要考虑到学生的实际身体条件、年龄、爱好、心理，选择要适合实际情况，注意不能用专业运动员的标准要求普通学生，在竞赛标准、运动难度、运动量方面都应该根据受教者的实际情况进行调整，从而使竞技体育适合每个感兴趣的人。

## 三、高校体育教学内容的科学发展

在高校体育教学领域，传统的高校体育思想已不能使学生树立正确的观念，高等教育应随着时代的发展而不断进步，可以在以下几点着重注意。

### （一）应充分体现社会体育和终身体育

关于高校体育教学内容的创新，全国各个大学已经用不同的方式丰富了各个年级的体育教学内容，并对体育教学内容进行了大幅度调整，但仍然缺少新的教育观念。教师要在学校体育相关材料中逐步培养学生养成体育锻炼习惯，指导学生制定适合自己的个性化运动计划，教会学生如何处理常见的运动中出现的损伤，鼓励积极参与体育运动项目竞赛，达到体育教育贯彻学生的日常、培养终身运动习惯的目的。

### （二）应充分体现地区特色

关于高校体育教学内容的创新，应考虑地区特点组织体育活动。由于学校地区的多样性，环境也有所不同，南北地区学生对于体育项目的爱好存在差异，这要求体育创新需要针对特定地区而制定，除了要体现地域特色以外，最重要的原因还是因地制宜，才能实现学生在体育学习上的良好开展，最终实现体育健康教育目标。

### （三）充分考虑学生的学习兴趣

关于高校体育教学内容的创新，必须适当考虑学生对体育课程的兴趣。执教教师可以通过多媒体方式进行传授，提高学生的兴趣度，获得更好的教育效果。教师可以根据学生的兴趣开设课程，只有学生对于授课内容发自内心的感兴趣，才能获得更好的教学效果。

## （四）应把实践能力和课外体育相结合

学生实践教育是高校体育教育的重要组成部分。在过去的体育教育中，高等教育机构强调体育技能和体育知识，忽视了学生的实践培训和实践操作能力，包括自我锻炼方法、模拟并学会如何处理运动中出现的常见损伤、如何处理运动中出现的突发事件开发等。只有把这些内容也写入体育教学课程教材中，保证高校学生在体育锻炼和实践能力方面的知识储备充沛，才能达到高校体育教育的最佳效果。

# 第五章　高校体育教学方法的科学发展

体育教学方法指的是在开展体育教学的时候，为了达到体育教学目标和实现体育教学目的而由师生所采用的可操作性的教学方式、途径和手段的总称。随着高校体育教学改革的不断深入，传统的教学方法已经不能满足现今高校体育教学的需求，因此对高校体育教学方法的科学发展进行研究十分必要。本章主要分为体育教学方法概述、高校体育教学方法的选择与应用、现代高校体育教学方法的科学发展，主要内容包括体育教学方法概念界定、体育教学方法选择的依据、现阶段体育教学方法的发展特征等。

## 第一节　体育教学方法概述

### 一、体育教学方法概念界定

体育教学方法是构成体育教学活动的重要因素之一，在体育教学活动中起着至关重要的作用，它决定一节体育课的质量。在不同的时期，不同的专家学者对体育教学方法概念有不同的看法。20 世纪 80 年代，金钦昌认为体育教学方法包括教师的教法和学生的学法。20 世纪 90 年代，吴志超等提出体育教学方法是实现体育教学任务或目标的方式、途径、手段的总称。21 世纪，刘云旭认为体育教学是师生双边互动、教与学相互作用的、技术性的教学活动。

综上所述，从教学方法的定义来看，尽管专家们观点不一，但总的来看，在一些方面还是一致的。首先，方法要服务于目的，教学方法最终目的是要促进学生的学习。其次，它不是指教师的单边教学活动，其本质是师生的双边互动，是教学方法概念的核心。在"健康第一"的指导思想下，教师在关注学生知识学习的同时多关注学生情感和体验，促进了师生交流，激发学习兴趣，使课堂氛围变得生动活泼，学生出现乐学、愿学的局面，彰显出体育课的内在魅力。

## 二、体育教学方法与教学手段的区别

### （一）方法与手段的含义

体育教学方法和手段是促成人们达到各种目标必不可少的因素，由于它们在实践中所发挥的作用比较相似，在很多文献和著作中也没有严格地区分，因而经常把它们模糊化、笼统化。查阅相关文献后，得到有关"方法"的定义是"人们实现目标过程中采用的具体操作程序或办法"，俗称定律或原理。根据马克思对劳动手段的分析，我认为对"手段"的定义应该是"实现目标过程中所使用的实体性工具"。这个工具包含两层意思，一是人本身可以作为实现目标的工具；二是除人体器官以外延伸的工具。这里所指的"目标"是运用手段的依据和前提，只有在"目标"驱动下，"手段"才被人们选择或激活。"实现预期的目标"是方法与手段存在的价值，在这个过程中，因侧重点不同，所选择的方法与手段也有所区别。

### （二）体育教学方法与手段在概念上的区别

现有文献对于体育学和教育学中对一些教育方法的定义有些模糊，概念比较相似。毛振明先生的概念为"教师与学生为实现体育教学目标和完成体育教学任务而有计划地采用的、可以产生教与学相互作用的、具有技术性的教学活动"。周登嵩老师主编的《学校体育学》，把体育教学方法大致分为五种：在教学中以语言信息为主；在讲解中以直接感知为主；在训练中以身体练习为主；在模拟比赛中以情景和竞赛活动为主；在开拓训练中以探究活动为主。在毛振明主编的《体育教学论》中，教学方法分为五种：第一，以语言信息为主；第二，以直接感知为主；第三，以身体练习为主；第四，以情景和竞赛活动为主；第五，以探究活动为主。但是，与体育教育有关的概念和定义都没有清楚的界限，唯一提到相关概念的是李祥老师主编的《学校体育学》，对于教学手段的定义分为广义和狭义两个方面。说明学者们在与体育相关的概念上投入的力量不足，在教学方法的定义上不充分，比较模糊，所以当前首要的工作就是要重新梳理体育教学方法和手段的定义及其分辨的根据。

体育教学手段的概念应为"在实现体育教学目标和完成体育教学任务过程中所采用的实体性工具"。如同语文、数学的教学活动，为了完成课堂的教学任务和实现教学目标，加深学生的记忆或快速理解，都会借助相关的教具，如多媒体、挂图、算盘等。但由于体育教学中，学生身体的参与，学生要进行足够时间的身体训练，并积极开发新的体育教学模式，使学生积极投身于体育训练当中，不断提高体育课堂的教学质量。在当前的体育教学手段中，有许多实体工具可以充分利用，除了基本的场地器材外，还有先进的器械辅助练习，现代化的装备进行训练保护等。

### （三）体育教学方法与手段划分

当前，许多领域对于体育教学方法的划分持有不同观点，李秉德教授把教学方法分为五类，黄甫全教授则把教学方法划分为三个层次。两位学者对教学手段的划分依据不同，得出的观点也有所不同。根据学科特点和教育要求，可以大致分为两种教学手段：一种为"教法"，另一种为"学法"，学生作为教学过程中的主体，体育教学要调动起学生的积极性，让他们积极参与到相关的练习中。体育又是以实践为主的一门课程，要在学生学习的同时进行有效的训练，在"教"的基础上多进行一些"练"的课程。教学方法是由课堂教学目标而定的，课堂教学目标是划分教学方法的重要依据之一。学生运动技能的获得具有一定的阶段性，运动技能的掌握过程也是划分教学方法的重要依据。从学习行为层面看，它包括"学法"和"练法"，可以根据对技术的掌握情况进行进一步划分，从学生学习过程与行为来判断也可以作为划分"学法"的依据。"教法"与"学练法"不是间隔进行和训练的，因为体育活动的实质是师生共同活动，它们是彼此交错、相互结合的。在《学校体育学》和《体育教学论》这两本书中划分了体育教学中教学手段的种类，而其他文献和著作都没有对此进行划分。

关于"手段"的种类划分，在前辈们的研究成果上，可以结合"二分法"原理把体育教学手段划分为身体内部感觉器官的手段与身体以外实体工具的手段。在篮球教学中，"两人体前传球练习"应该属于体育教学方法，属于教学方法中的"学练法"，如果在练习过程中利用障碍物对传练习，此时的障碍物就属于实体工具，应属于教学手段。在跳高项目中，教授法包括"教师的讲解与示范"。"先进行弧形助跑再后踏跳起腾空练习"属于学练法，在练习腾空动作过程中所用的物体属于实体工具，可以称之为体育教学手段。

## 三、体育教学方法的类型

### （一）分层教学方法

1. 分层教学方法的概念

分层教学方法是指基于学生之间普遍存在的差异性，教师面向全体学生，有针对性地对不同学生群体制定不同层次的教学目标、教学方法及评价手段的教学模式，力求在充分尊重学生个体差异的基础上，让层次不同的学生能够发展的最好。

2. 分层教学方法的重要意义

（1）消除能力歧视，保护学生自尊心

根据学生的身体素质、学习能力等方面结合课的要求进行科学分层，每个层次上的学生基本能力相似，学习目标相同，这在很大程度上消除了学生之间的能力歧视，使得学生更容易接受。之前由于学生之间的身体素质、学习能力等方面的参差不齐，导致基础较差的学生在学习过程中容易产生自卑情绪，而基础较好的学生则容易产生自满情绪，长此以往，不利于培养和发展班级内部的凝聚力。

（2）有利于培养学生的学习兴趣和自信心

在高校分层教学模式中，教师在教学目标、教学方法以及评价体系当中分别做到区别对待，使得每个层次内的学生都有一个或几个通过练习可以达到的目标，这样在每个学生达到了自己的目标以后，不仅能够让学生更加具有学习的兴趣，而且能够让学生的自信心得到极大的提升。分层教学模式打破了之前"一刀切"的统一的教学目标，使得每个学生都可以体验到成功的喜悦感和幸福感，对于自己也会更有信心。

（3）提升课堂教学效率

传统的高校体育课堂由教师制定统一的教学目标，按照统一的教学方法进行教授，最后根据统一的标准对学生进行评价，导致基础较好的学生完成得很轻松，对于体育课充满轻视态度，而基础较差的学生则会产生畏惧心理，这直接影响到了"终身体育"理念。分层教学模式强调尊重学生的个体差异，侧重于不同层次学生对薄弱环节的掌握，激发学生的学习兴趣和自信心，从而提升课堂教学效率。

（4）有利于内部竞争机制

分层教学模式的分层不是一成不变的，它需要教师根据不同课的要求来进行合理分组，每个组的学生在不断完成目标后可以实现跨越组别，向要求更高、更难的那组努力，教师要起到调动的作用，鼓励学生形成互帮、互助、互相竞争的教学氛围，使学生逐渐形成乐于学习、乐于锻炼的态度，为终身学习和终身体育奠定基础。

### 3. 分层教学模式中存在的问题

（1）分组不当导致适得其反

整个分层教学模式中，最重要的就是合理的分组。但是在教师分组时，客观和主观的因素都会影响到分组的准确性。教师大多还是依据学生的运动能力、学习能力与身体素质等方面进行分层教学，分组依据较单一且主观性较强，忽视了学生在学习过程中的努力和态度，这样容易打击学生的自信心。

（2）分组固定化

现阶段的高校分层教学模式的分组较为固定，学生长期处于固定的组别，缺少教师的调动以及与其他组别的互动，这样会打击学生的学习主动性和积极性，长此以往会失去对体育学习的兴趣，造成学生心理的负面影响。同时固定的分组形式，会让学生处于被动的学习状态，很难会和其他同学产生合作行为，最终也会影响到合作意识的发展，这样也不利于学生社会化的发展。

（3）评价不科学

合理的评价也会在一定程度上调动学生的学习积极性，但就目前的评价环节来讲，依旧是按照统一的标准和方式对学生进行评价审核，这无疑是否定了分层教学模式的优势所在，无视学生的个体差异，忽视了个性的发展，间接打击了学生的自信心和学习积极性。并且评价的标准也很单一，忽视心理和社会适应能力的发展。

（4）教师教学能力有待提高

体育教师的教学能力是影响体育课堂教学的关键因素。分层教学模式作为一种非传统的教学模式，在教学目标、教学方法及评价手段等方面对于教师都有了更高的要求，如何合理正确地分组，然后分别采用不同的教学方法，最后进行分层次的评价等，这些都是摆在高校体育教师面前的现实问题。不论哪个环节做得不好，都会直接影响最终的教学效果以及学生对于体育的认知和看法，高校体育教师还需要加强教研和实践能力。

### 4. 分层教学在高校体育教学中应用的优化策略

（1）隐性分组

在分组时，教师要做到避免给学生贴标签，深入了解了每个学生的情况后，在教学过程中做到心中有数即可。另外，在实际教学过程中，在语言、肢体上不可表现出任何否定意味，要尊重每一个学生，对于学生的行为表现做到不露声色，在练习过程中为学生提供更多练习内容，消除学生内心的疑惑和敏感，维护学生的自尊心。

（2）动态分组

在分层教学模式当中，每个组别的学生都不是一成不变的，应该实施"动态分组"。根据每一个学生的体育运动能力、学习能力、兴趣爱好等，针对班内不同学生的接受能力，设计出不同的教学目标，并且根据不同的教学目标对学生提出不同的学习要求，进行不同的教学方法与辅导，最终进行不同的教学评价。让每一个学生都有所收获，并且强调教学的不固定性，积极引导学生激发学习热情和对成功的欲望。教师需要将教学目标与学生的实际情况相结合，适当调整分层的学生，充分调动学生学习的积极性。

（3）过程评价与结果评价相结合

教师需要科学合理地制定高校体育课堂分层教学模式的评价方法与标准，这是一个十分重要的环节。教学的评价只是为了检查学生的学习水平，最终的目的是鼓励其努力学习，而不是给学生贴上标签用的。因为层次不同，标准和效果也一定是不同的，不论是哪个层次的评价，都需要将过程性评价和结果性评价相结合。

## （二）激励教学方法

### 1.激励教学法概述

激励教学法的核心就是"激励"，激励就是激发奖励的意思，利用某种外部因素激发人的兴趣，调动和发挥人的积极性，使人有一种内在的动力，向着自己期望的方向努力。之所以要运用激励教学方，就是要将学生的学习兴趣激发出来，使学生能以积极的心态更好地学习和发展自己。在体育这种比较轻松随意的课堂环境中，激励教学法有着更为明显的作用。实践证明，激励教学法在大学体育教学当中的运用是推动体育教学改革的最好教学方法之一。

### 2.高校体育教学中应用激励教学法的重要性

（1）调动学生学习热情，利于学生综合素质的提高

高校体育教学中使用激励教学法能够调动学生的热情。具体方法有很多，可以精神上加以鼓励，也可以在物质上给予鼓励。例如，如果有学生能够完成老师布置的任务，老师可以在其他学生面前鼓励、赞扬完成任务的同学。这样，完成任务的同学得到鼓励，之后的任务他也会努力完成，没有完成任务的同学

也会受到激励，向其他同学学习，从而完成自己的任务。或者，有体育活动表现较好的同学，体育老师可以奖励学生一些体育器材，比如乒乓球拍、篮球。这样一来，学生实实在在体会到认真上课带来的回报，就会更加认真地完成学习任务。

学生一旦愉快地进入学习状态，身体素质也会逐步提高。身体素质的提高带来的不只是体育方面的变化，学生身体素质好了，自然可以将更多精力和时间投入其他方面的学习，这样一来，体育教学就更加容易得到成功。学生能够以极大的热情进行学习，自身的心理和身体得到相应改变，这样的变化能促进学生的全面发展。

（2）利于学生树立正确的人生态度

高校体育教师如果能很好地把激励教学法运用到实际教学中去，能够增强学生对于学习体育的自信心，从而使学生能够正视体育学习，树立正确的体育态度。高校教师应该培养学生热爱体育活动，大学生即将步入社会，锻炼好身体，有良好的身体素质对于其他方面的综合发展也有利。在这期间，体育教师应该在教学活动中多使用激励教学法，对学生加以引导，让学生以积极向上的态度学习体育知识，以乐观的态度成长。

（3）推动全国高校体育改革的进程

高校体育教学是我国教育发展的一个重要分支，也是为国家培养人才，提升当代大学生身体和心理素质的重要课程。开展高校体育教学，不仅仅是帮助大学生提升身体素质，它还包括对大学生的心理健康教育，只有培养出身体素质好，心理素质亦佳的当代大学生才算是达到了高校体育教学的目标。传统的教学方法过于拘泥形式，只注重学生身体素质的培养，但是给学生心理带来了很大的影响，很多学生因此厌烦上体育课。而高校开设体育课的目的是培养身体、心理俱佳的大学生，激励教学法以一种更加健康的方式展开教学，对提升大学生的身体和心理素质均有帮助，符合高校开设体育课的目标，有利于推动全国高校体育改革的进程。

3.激励教学法在高校体育教学中的具体应用

（1）革新教学观念，活用教学方法

过去老旧的教育理念严重地影响了学生参与体育活动积极性，使得激励教育工作无法达到最好的教育效果。如今的高校教师应该结合实际情况，在平时的上课中革新教学观念。在开展教学活动时，不要局限于传统的教学模式，体育课不要局限于单一的跑圈或者理论知识，教师要负责找寻合理、有趣的体育活动，吸引学生的注意力，引起学生主动积极地参与体育活动。体育教师不应只是负责学生的身体锻炼，还应该积极了解学生的心理问题，与学生谈心、了解学生内心真实的想法，让每个学生都保持健康、积极的心理。教师还应注意，在日常生活中，为学生树立良好的榜样，让学生有正确的价值观。教师在开展教学活动时，灵活采用各种教学方法，可以动员学生参加某项集体活动，加强学生的集体荣誉感，让学生能够自觉融入班级，能够自觉完成班里的学习任务。

（2）制定个人目标，因材施教

有目标才有动力，教师可以为学生设定一定的学习目标，在设定目标时一定要记得依据不同学生的运动能力以及特点，在教学内容方面设置相适应的目标。设置合适的目标能调动起学生的积极性，让学生从心里认同老师的教学活动，也能够让学生懂得只要自己足够努力，就可以完成设定的目标，学生在此过程中获得了信心和认同。在高校体育教学活动中要多加运用激励教学法，培养学生踏实肯干的奋斗精神。

现在的学生虽然处在相同的大环境中，但每一个个体又是有差别的，接受事物的能力，解决问题的能力也是不一样的。教学活动中如果遇到不能及时完成学习任务的学生，不要急躁，切不可轻易动怒，一定要耐心询问情况，根据学生的情况为他设定一些具体可行的小目标，慢慢地让他跟上集体的步伐。这样，针对每个学生的具体状况，有针对性地解决问题，这才是一个合格的高校教师该做的事情。

（3）平等对待学生，建立良好师生关系

传统的师生相处模式中，老师站在一个更高的位置，扮演着一个高大的人师形象。在这样的关系中，学生是不敢真正和老师沟通的。而在当下的教育中，需要老师做的不仅是一个严师，尤其是体育教师，要求教师和学生能够愉快地交流，能协调沟通生活中发生的一些事情。教师不可能每次都去找学生谈心，教师要做的是与学生保持平等友好的交流，引导学生主动来找自己沟通，解决矛盾。而有的学生天生内敛，不善于当面与人交流，这时候教师要借助聊天工具与学生在线上交流，这样的方式能让学生卸下心理包袱，更好地表达自己。学生愿意积极地表达自己的心声，教师的教育工作才能更好地展开。

（4）尊重学生主体地位，发挥学生个人优势

在体育教学活动中，教师注意尊重学生的主体地位，应将教学重点放在学生身上，教师要通过对学生的激励让学生感受到自己是教学活动的中心，要将自己的个人优势发挥到最大。如果学生在体育活动中不小心做错动作时，教师最好使用激励的方式面对学生的错误，为学生加油，而不是严厉批评，这样，才算发挥了激励教学法的作用。现下，有很多学生不愿意进行体育运动，将这些时间花在其他娱乐的事情上，真正喜欢运动的大学生少之又少。要改变这样的状况，更要求教师在体育教学中运用激励教学法。教师在开始要鼓励学生积极参与到体育活动中去，不管是哪类活动，只要愿意参加就要鼓励。然后在学生参与进来后，教师可以给学生教一些相关方面的技巧，慢慢吸引学生，鼓励他发展自己的兴趣，这样学生根据自己的喜好和特长愉快地参与到体育活动中，从而能够最大化的发挥学生的个人优势，又能够很好地完成教学任务。

## （三）合作学习方法

### 1. 合作学习方法概述

合作学习有另外一种叫法，即协作学习，是一种人与人之间相互协调、交流、互助的学习方式。它起源于 20 世纪 70 年代的美国，并在接下来的十几年中，由于其极具创造性和有效性的特点成为教育界普遍认定的科学的教学策略。但是至今为止，合作学习仍没有一个确切和统一的定义，比较普遍认定的是来自美国明尼达大学的约翰兄弟（D. W. Johnson & R. T. Johnson）的定义解说：合作学习是通过采用小组形式的学习模式，在共同的学习活动中，不但促进学生自身身心发展，也帮助其他人的身心发展。

### 2. 合作学习常见方法

（1）小组式的合作学习

首先需要将全班分为几个小组，比如全班有 50 名学生，则可以分为 5 个小组，每个小组为 10 个人。同时也可以分为 6 个小组，其中四个小组 8 个人，剩下两个小组 9 个人。分组的原则是抽签决定，这样能够使小组学生组成结构均匀，有较优秀学生也有反应较慢的学生，能够起到互助学习作用。

基本的教学流程是：首先，小组内部协调，组好组员之后，每组选择小组长，负责讲明教师的指令要求且分配学习任务。同时，在教师的指令下组成教学所

需要的队形，以便顺利完成学习。其次，学习合作活动过程。第一步，小组长在教师的主题教学要求下带领小组成员开始活动，自主练习教学主题的内容，活动过程做好保护工作。第二步，教师整合自主练习之后的小组成员，列好队伍，教师将学习的内容以及需要示范的动作和技术做详细的解说和演示，学生边听边模仿学习。第三步，小组自行开展活动学习，互相帮助，小组长负责指导和示范工作。将学习成果交与教师，必须每个学生均在其中有参与。最后，总结评价。流程一般为：成员互评→小组长上交评价总结→教师综合评价→下课。

（2）小组竞赛方式合作学习

同样地，首先需要进行分组工作，小组成员控制在 8 名为一组，如全班有50 名学生，则可以分为 10 个小组。基本教学流程为：全班学习、小组合作学习、小组进行教学比赛、学习成绩评估。

具体流程为：①教学竞赛活动有几个环节，因此教师首先要将其划分开来，一般分为 5～7 部分即可。学生听取教师对每部分的内容和方法要求之后进行分组，形成多个小组的竞赛模式，教师宣布竞赛流程和基本要求。②竞赛过程。这个过程主要依靠小组长的分配模式进行比赛，可以实行 1 比 1，2 比 2，3 比3 等对抗模式，完成竞赛。③经验交流。经过一轮竞赛之后，各个小组之间相互穿插取经，学习其他小组的取胜经验。④交换组员。选择技能较强的组员与其他小组交换，相互指导取胜经验。⑤评价。每组一个学员评价本组和其他小组的学习竞赛过程优点与缺点。这两种合作学习的方式根本目的是学生之间相互学习，相互帮助。技能较强的学生帮助较弱的学生，同时在活动后期评价中，教师客观评价，且要多加对有进步、有突出表现的学生进行鼓励，增强他们的自信心。

（3）集体互动式合作学习

首先进行分组，如全班 50 名学生，则分为 5 个小组。教学流程为：教师将教学要求和任务给学生交代清楚，同时要求每个小组领取学习任务。小组领取任务之后集思广益，对任务进行解析和设想，相互交流讨论，十几分钟后教师对学习内容进行演示指导，为学生解除疑惑。这种合作方式的主要目的是学生能够最大程度地发挥自身的想象力以及对新理念的创造力，更在合作过程中使他们养成合作学习、学会借助集体力量的能力。

## （四）体验式教学方法

### 1. 体验式学习的含义

所谓体验式学习就是让学生亲身参与到其中，感受体育运动带来的乐趣，在体验过程中学生能够通过对周围事物的观察、了解，真正地融入其中。教师在体验式学习中起着引导的作用，通过各种方式引导学生做好课前体验学习，从而激发学生参与体育运动的热情。

### 2. 体验式教学应用到高校体育教学中的意义

#### （1）高校教师体验意识不断增强

今年来随着教育改革的不断深入发展和"全民健身"理念的普及，国家对于高校体育教学的忠实程度也不断加深，高校体育教学改革也显得迫在眉睫，在这样的背景下越来越多的体育老师也意识到了体验式体育教学已经成为高校体育教学的一种趋势，也有越来越多的老师在实际体育教学中有意无意地应用体验式教学，通过各种手段将传统的高校体育教学课堂进行重塑，把课堂的主体地位交还给学生，并不断增加学生在体育课堂中的自主性，通过各种情境创设引领学生进行更加科学准确的体育锻炼，真正用这种新的体验式的体育教学理念引领了高校体育教学方式的深刻变革。

#### （2）引领教学方式的变革

这里说的教学方式体现的是"教"和"学"两个方面，首先是教师授课上，这种新的教学理念已经彻底改变了传统的"命令式教学"的教学方式，在体验式教学的指导下，老师可以不按照传统的教材进行教学，只要心中有教学规划就能按照自己觉得好的方式进行实际体育教学，在教的过程中老师可以根据自己的实际运动经验和学生不同的身体素质制作丰富多彩的课件进行教学，也可以将运动历史带入实际课堂上引领学生学习，真正实现课堂教学的"灵活化"，最大程度地吸引学生的实际学习兴趣并在一定程度上提高学生的体育综合素养。其次是在学生学习上，通过上文的叙述我们也可以了解到体验式教学是一种有极高趣味性的教学方式，在这种教学理念下学生也能由传统的被动学习变为主动学习，增加了学生学习体育项目的自主性，这样学生在具体体育学习过程中也能真正实现自主探索，从而促进学生综合素质的提高。

3.体验式教学在实际应用过程中存在的问题

（1）教师专业素质不足

通过上文的叙述我们也可以大致了解到体验式教学这种新的教学理念刚提出不久，因此在实际高校体育教学中常存在老师素质不足的问题，这里的老师主要分为以下几种，第一种是对体验式教学完全不理解的老师，在这种老师的课堂上体验式教学只是一个概念而已，至于怎么进行体验教学，什么时候进行体验教学完全不在老师的思考范围内，在这种老师的教学课堂体验式教学并不会被实际应用。第二种是对体验式教学一知半解的老师，这类老师也是高校体育老师中数量最多的，他们总是简单地认为体验式教学就是将一些情境插入传统体育教学中，并不了解体验式教学是一种系统化的教学模式并有其固有节奏，这类老师在实际教学中常常不知道情境要如何创设，面对一些教学节奏上的改变和教学过程中的突发情况往往不知所措，影响整个体验式教学的质量。上述两种教师在实际高校体育教师团队中可谓是占据了半壁江山，也正是因为这两类教师的存在使体验式教学在实际高校体育教学中得不到广泛高效的应用。

（2）学生的参与度较低

通过上文的叙述我们可以大致了解到，体验式教学理念的一大特点就是课堂的互动性，即老师创设各种情境引领学生参与其中。这种互动性也是提升体验式教学实际教学效果的重要保障，而互动从字面意思理解起来就是需要老师和同学的共同参与，但在实际互动式体育教学过程中我们就发现学生的课堂参与度始终比较低。由于大学生群体的年龄结构普遍比较大，很多学生会觉得课堂互动是一件非常幼稚的事情，大部分学生并不能参与到老师创设的情境中，这也导致一些需要全员参与的情境因为部分学生不愿意参加而显得索然无味。有的学生虽然为了"不惹麻烦"参与到实际课堂互动中，但参与程度总是马马虎虎应付了事，这种心不在焉的参与态度也使得一些教学体验根本不能深入，影响体验式教学的实际教学效果

4.实施体验式体育教学的流程

实施体验式体育教学的流程如图5-1所示。

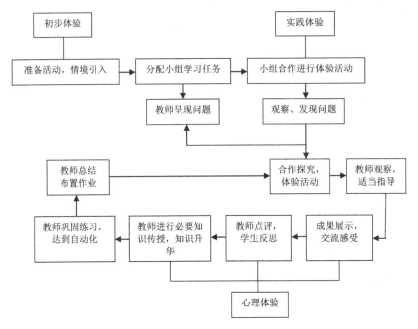

图 5-1　体验式体育教学实施流程

5. 对高校应用体验式教学方法的几点建议

通过上文的叙述我们可以了解到究竟什么是体验式教学，也可以大致了解到体验式教学对提升学生上课积极性、引领高校体育教学方式上的变革等方面的积极作用，但在实际高校体育教学中由于教师素质、学生参与度等多方面的原因导致这种教学理念在实际教学中并不能得到科学广泛的应用，针对这些问题高校在应用体验式教学方法的时候，应该做到以下几点。

（1）加强教师素质培养

教师素质是影响体验式教学理念深入应用的一大原因，针对这样的情况，在实际教学过程中我们必须加强对教师素质的培训，培训内容包括教学理念、教学方式、相关课件的制作等方面，让老师对体验式教学理念有一个更加深入透彻的了解，这样更有助于老师对整个课堂节奏的把控。除此之外，还要对老师教学情境的创设有一个规范。要求创设的动作既不能太难，使某些学生失去训练信心；也不能过于简单，让学生轻轻松松地达成，导致训练性大打折扣。最后还要在老师心中树立安全第一的标杆。不论是什么样的体育运动和情境创设，在进行运动之前都必须要求学生进行相应的热身锻炼，在实际运动过程中老师也要时刻注意学生动作的专业性，以免出现由于动作不规范导致的运动伤害的情况。

（2）重视"双地位"创设

由上文的叙述我们了解到，与传统的教室主导课堂不同，体验式教学更加注重老师主导、学生主体的"双地位"创设，但在实际创设过程中经常会出现某一主体"偏重"的情况，过分重视学生的主体地位就会导致课堂秩序混乱，过分重视老师的主导地位还会使体验式教学课堂与传统课堂没什么区别，失去体验式教学的意义。针对这样的情况在实际教学中就要求老师重视"双地位"的创设。在实际教学过程中老师主导和学生主体都不能"偏重"，在实际教学中老师要基于对学生了解，熟练运用"中医疗法"去适时收放。所谓"中医疗法"就是要"望闻问切"，即时刻观望学生的上课表现，倾听学生的运动感受，询问学生的心理状态，制定切实的运动目标。在实际高校体育教学过程中也只有基于这种"中医疗法"带来的对学生的了解，老师才能真正实现适时收放，促进"双地位"创设。

（3）丰富教学内容，提高学生参与度

在实际体验式教学中存在的另一大问题就是学生课堂参与度偏低。面对这样的情况，在实际体育教学中老师可以创设有趣的情境，提高学生的实际参与程度，如在武术课堂，老师可以创设一个武林大会的情境，让每个学生根据自己这学期的上课所学进行"切磋"，注意切磋要点到为止，老师会根据学生切磋所运用的本学期所学知识的多少给出平时分。这样的方式既提高了实际体育教学情境创设的趣味性，又使情境创设与学生期末总成绩息息相关，有助于在很大程度上提升学生的实际学习兴趣和课堂参与度，有助于每个学生都全心全意地参与到"武林大会"之中，从而提高体育课的实际上课效果。

## （五）游戏教学方法

### 1.游戏教学方法概述

所谓游戏教学法，主要是让学生在轻松活泼的环境中，通过一系列游戏活动开展，在竞赛中学到教材之外的知识内容，同时也能加深对课本知识的理解。这是一种将"游戏"与"教学"结合起来的方法，形式新颖且效果很好。游戏教学法本身是一种教学方法，不能随心所欲，须遵循一定的章程。这种规则是建立在生动、活泼的形式的基础上的，且必须对"教学"和"娱乐"有严格界定。要能在快乐的氛围中学到课堂内容教学重点和难点，并利用游戏加深对课本知识的巩固，同时也能了解课外知识、社会常识。游戏教学法不能完全取代现有传统教学，而是作为现有教学方法的补充。在实际课堂教学设计中，教师仍应遵循教学大纲，严格按大纲规定进行讲解，以教材为纲要，不可偏离。但可以创新教学模式和方法，引进学生更感兴趣的教学手段，如游戏教学法。通过游戏教学法在相同授课时间中可大大提高学习效率，提高学生对知识的掌握程度。作为传统教学的重要辅助，可将游戏教学称为第二课堂教学。其主要目的是通过营造轻松的氛围，寓教于乐，提高课堂学习效果。

2. 游戏教学方法在高校体育教学中应用的原则

高校体育教学工作中，教师要想全面应用游戏教学方法，增强教育工作效果，就应该遵循相应的教学原则，确保教学工作的高效化、合理性开展。具体的教学原则如下所述。

（1）遵循趣味性的教学原则

游戏教学方法在高校体育教学中的应用，应该遵循趣味性的原则，为学生营造较为有趣的环境氛围，在调动学生兴趣的情况下，满足其内心的学习需求，使得学生在学习体育知识的过程中，能够有着一定的满足感，在游戏活动中感受到学习体育知识的乐趣，增强学生在体育知识学习方面的积极性，集中学习的注意力。在此情况下，高校体育教师采用游戏教学方法，就应该遵循趣味性的原则，注重推陈出新，不断维持相关体育游戏教学法应用的趣味性，形成教育创新的良好模式。

（2）遵循合理性的原则

体育教师在使用游戏教学方法期间，应该遵循合理性的原则，确保所选择的体育游戏能够和学生的自然生理规律、健康需求等相互符合，不仅需要保证游戏教学的安全性，而且还应该按照学生的体制特点、心理特点与学习需求特点等，适当针对游戏的规则、内容调整，将体育游戏在教学中的积极作用发挥出来，以免对体育教学工作的开展造成不利影响，满足合理性教学的根本需求。

（3）遵循教育性的原则

为了能够在高校体育教学工作中合理采用游戏教学方法，应该遵循教育性的原则，并非单纯开展娱乐游戏，而是要将体育课程教学与体育游戏之间相互整合，培养学生的体育实践操作能力与体育素养，强健体魄，起到综合素质的培养作用，增强高校体育教学的教育性，合理设置具有教育性的体育游戏内容、游戏规则，从程序方面增加人数，在学生之间相互协作的过程中，强化相互的情感交流，全面学习体育知识。

（4）遵循公平性的原则

教师在采用游戏教学方法期间应该遵循公平性的原则，为学生提出公平的体育游戏规则，确保游戏可以在教学中顺利实施，使得学生在公平的体育游戏中感受到轻松愉快的课堂环境，认真遵守体育游戏规则，积极参与到体育课程学习活动中。在此期间，教师遵循公平性的体育游戏教学原则，应该结合不同学生的体育游戏参与需求与特点，制定完善的游戏教学计划和方案，从根本上提升游戏教学法的应用效果。

3. 体育游戏在高校体育教学中的应用措施

高校体育教师在实际的课堂教学工作中采用游戏教学法，应该筛选最佳的教学措施，确保整体教育工作的有效性开展。具体的应用措施如下。

（1）以学生为主体设置体育游戏

教师在高校体育课堂教学中应用体育游戏，应该营造较为良好的学习环境氛围，转变传统的填鸭式教学模式，而是适应现代化大学生的发展需求，借助体育游戏开展教学活动，激发学生的学习兴趣，集中学生的课堂学习注意力，使得学生在参与体育游戏活动的过程中树立正确观念意识，增强学习的效果。教师在课堂教学工作中，设置体育游戏的主要目的就是为了体育教学提供服务，培养学生体育专业素养、良好身体素质，在此情况下，教师应该将学生作为课堂主体，按照学生需求设置体育游戏内容，按照体育课程内容引导学生选择体育游戏活动形式，提升游戏教学的专业性与特色性，使得学生在参与体育游戏活动期间可以更好地学习专业知识和技能，在良好的学习环境中提升专业水平和身体素质。

例如，体育教师在课堂教学之前，可以按照课程内容为学生提供两种以上的体育游戏活动，带领学生事先预习课程内容和相关知识，在学生对课程知识形成初步理解之后，按照自身的兴趣爱好自由选择体育游戏内容，这样除了能够调动学生参与体育游戏的积极性和兴趣，还能增强各方面的教学指导有效性。教师需要注意，在为学生设置体育游戏项目期间，应该确保游戏具有教育性，使得学生在参与游戏活动期间全面学习体育专业知识和实践操作技能，增强高校体育课程的教学指导有效性。

（2）按照技能教学需求设置体育游戏

体育教师在采用游戏教学法期间，应该为学生设置技能型的体育游戏活动项目，主要因为在高校的体育课程中技能内容占有主导地位，如果采用枯燥、重复性的技能训练方式，很容易导致学生出现厌学情绪和抵触情绪，难以确保技能教学的效果。这就需要在高校体育课堂的教学指导工作中，教师按照学生的体育技能学习需求，设置技能型的体育游戏，使得学生在参与游戏的过程中可以全面掌握体育技能知识，确保体育游戏教学法在课堂中的应用水平。

例如，教师带领学生学习"篮球运球技能"期间，可以为学生设置技能型的游戏，在课堂中设置"双球运球游戏""花式运球游戏""比赛运球游戏"等，在设置趣味性游戏的情况下，鼓励学生自主性参与到运球技能的练习活动中，这样不仅能够培养学生自主学习能力，还能够提升整体的课堂教学效率，使得学生在全面掌握篮球运球技能的情况下，可以形成良好的体育游戏教学模式。需要注意的是，教师在设置体育游戏期间，应该对游戏比例适当调整，结合学生的学习情况、技能学习需求等，编制较为完善的技能型教学方案，增强体育技能的教育指导效果。

（3）按照学生身心特点设置体育游戏

高校体育教师在日常的课堂教学工作中采用游戏教学方法，可以按照学生的身心特点合理设置体育游戏，主要就是结合学生生理特征与心理特征开展相应的教学指导工作。从生理方面来讲，学生正处于青春期阶段，骨骼度不断提升，基本上完成了骨化，肌肉组织的重量开始增多，骨头纵向生长速度变慢，肌肉横向发展，肌力有所提升，运动能力大幅度增加，灵活性提升。在此情况下，可以按照学生的生理特点合理设置体育游戏，适当增加体育游戏的难度，通过力量对抗练习的方式促使学生骨骼肌肉组织的良好发育。教师在设置体育游戏活动期间，还应该结合学生的心肺功能特点、综合能力特点等，设置力量性练习、静力性练习的相关活动，促使心血管系统功能的改善和完善，使得学生的智力和体力能够均衡发展。从学生的心理层面来讲，多数学生已经形成了正确的自我认知，情感较为丰富，缺乏自我评价和自制的能力，很容易出现情感状态不稳定的现象，所以在设置体育游戏项目期间，应该结合学生的心理特点，合理设计相关的体育游戏。

例如，教师在为学生设置体育游戏期间，对于学习积极性较低、有力量的男生，可以设置对抗类型与竞赛类型的游戏项目，培养学生力量的同时还能使其形成勇往直前的精神。在女生设置体育游戏期间，可以设置具有协调性的游戏，对一些心理现象正确引导，使得学生形成对体育知识学习的自信心，满足学生在体育游戏方面的学习需求。对于一些有自卑情绪的学生，应该设置一些带有激励性的游戏规则，在学生完成体育游戏项目任务之后，教师可以给予一定的鼓励，使得学生在教师的激励下提升体育知识和技能的学习自信心，保证整体的教育指导工作水平。

（4）按照学生综合素质发展需求设置体育游戏

为了可以在高校体育课程教学中合理应用体育游戏，教师应该结合学生综合素质的发展需求，高效化设置体育游戏，使得学生在有效完成游戏任务的情况下，促使学生体育素养、综合素质的提升。教师在选择体育游戏内容期间，应该将其当作是高校体育教学的辅助教育方式和学生体育技能的练习手段，结合学生的综合素质发展需求，科学化、合理化设置相关的体育游戏。

例如，在高校体育课程的准备环节中，为了能够提升学生体育课程知识学习的积极性，营造较为活跃的课堂环境，增强体育游戏活动的应用效果，提升学生的体育知识学习能力，教师在设置体育游戏期间，应该按照教材中的课程针对游戏内容全面改进，确保所设置的游戏项目和游戏内容可以帮助学生学习体育知识与技能，起到体育的巩固复习作用，形成良好的游戏教学方法。

4.体育游戏在高校体育教学中应用的注意事项

高校体育教师在课堂教学中应用体育游戏，应该注意各种事项，在合理使用体育游戏项目的情况下，促使教学工作的良好开展。具体的注意事项如下。

（1）注意在课前准备中的应用

体育教学课前准备环节属于重要的部分，主要目的就是在学生参与体育运动之前进行热身，预防出现身体损伤的现象，激发学生参与体育课程的兴趣，吸引学生的注意力。在此情况下，教师可以按照教学内容，为学生设置课前准备环节中的体育游戏项目，使得学生在课前全面参与体育游戏活动，在转移学生注意力的情况下，使得学生迅速进入到课堂学习状态。

例如，教师带领学生学习"篮球投篮技能"的过程中，可以按照篮球技能的教学运动内容，为学生设置课前的小组拉伸游戏活动、小组投篮模拟游戏活动等，各个小组可以按照教师所设置的游戏积极参与到拉伸活动中，在模拟投篮期间可以对篮球投篮的运动形成正确认知，将注意力集中在课堂中，发挥体育游戏在课前准备环节中的作用。

（2）注意课堂教学中的应用

课堂教学中教师应用体育游戏活动，必须要注意各种事项，围绕着体育课程的内容合理设置相关的体育游戏项目，尤其是在技能教学方面，应该将游戏穿插在课堂中，丰富体育游戏项目内容，使得学生在参与体育游戏活动的过程中，可以全面掌握体育专业知识和相应的技能，不断增强学习的有效性。

例如，教师带领学生学习"田径技能"相关知识期间，应该为学生设置贯穿于田径课程教学中的体育游戏活动，主要就是"田径接力赛游戏""田径项目游戏"等，使得学生在参与相关游戏活动期间，可以掌握基本的田径技能和专业知识，在游戏活动中感受到课堂的趣味性，培养学生体育专业素养和实践操作技能的情况下，全面发挥体育游戏在课堂教学环节中的积极作用和优势。

## （六）挫折教育方法

### 1. 体育教学中开展挫折教育的意义及作用

（1）意义

在中国教育体制下，学生的学习与生活环境得到全面的保护，虽然为教育工作的开展创造了良好的氛围，却也在校园与外界环境间设立了一道厚厚的屏障，学生将全部的精力花费在学习上，很难有机会了解外界事物。阅历的缺失自然导致学生容易出现慌张、内心脆弱等问题，学生知识增长速度与社会阅历不成正比，深刻地反映出传统教育模式中存在的弊端。挫折教育的教育主题并不拘泥于校园本身，而是通过对现实生活中诸多场景的还原来丰富学生实践经验，让学生在收获体育知识的同时，形成更为强大乐观的心态，进而帮助学生树立起正确的人生观、价值观，使学生终身受益。

（2）作用

在传统教育中，教师依靠说教的方式调控学生情绪，但因形式陈旧、态度过于强硬，导致学生的问题心理状态得不到扭转，弱化了教育的情感导向功能。在充满挑战的社会环境下，学生处处面临着考验，这对于长期过着两点一线生活的学生而言显然是巨大的挑战。挫折教育正是出于对这一问题的有力考量，通过针对不同年龄段学生心理设置专项课程，使教学内容更符合学生认知规律，满足不同学生的情感需求。此外，挫折教育也能提升学生的心理承受能力，帮助学生积累更多实践经验，以更沉着冷静的姿态面对困难。挫折教育犹如一支"强心剂"，使学生能更加坦然地面对自己的失败，并能在失败中不断地总结经验，发现自身短板并加以改正。在体育教学中辅之以多层次的抗挫折能力训练，使"失败"成为常态化，可以帮助学生调整心态，以更积极的态度面对困难。与此同时，通过挫折教育给予骄傲的学生一定程度的打击，让学生以更加理性客观的态度面对学习与生活，给性格内向及自卑的学生更多鼓励，帮助学生实现更好的情绪调整，达到戒骄戒躁的良好效果。

2. 体育教学中开展挫折教育的方法

情绪控制是挫折教育的重要组成部分，也是挫折教育的重要表现形式，通过情绪控制达到调整心态的效果，强化学生心理建设，确保体育挫折教育由内而外、由点到面的展开。

（1）情绪宣泄法

目前，大多数学生都缺乏情绪控制的能力，不能对自身状态作出快速判断并将情绪控制在适度阈值内，当负面情绪爆发时往往会采取极端的方式，不但使事情无法得到好的解决，也对身心带来很大的伤害。情绪宣泄的方式多种多样，教师可以依靠网络资源优势，构建私密性强的"树洞"，为学生提供情感宣泄的机会与空间；也可以借助体育项目开辟新的宣泄渠道，如在校园某处角落悬挂沙袋，张贴上标语"出气筒"；也可设立涂鸦板以满足不同学生情绪释放的需求。

（2）快乐教学法

挫折意味着不快乐，挫折与快乐是两个相反的概念，教师应让学生明白"有得必有失"的道理，突出体育教学的趣味性与闪光点，让学生在体验体育快乐的同时驱散烦恼和挫折感，更好地改善学生心理状态。在快乐教学法中，语言艺术的作用十分突出，教师应尽量以柔和委婉的态度与学生交流，树立起和蔼可亲的教师形象，多给予学生赞扬与鼓励，善于发现学生身上的优点，从而使教师的情绪潜移默化地感染学生，使体育教学长期浸润在轻松活跃的氛围当中。

（3）情景转移法

与其他课程教学相比，体育教学存在着巨大的情境优势，广阔的户外环境更有利于学生身心的放松，这也是体育课程受欢迎的主要原因；鉴于此，教师不妨充分利用体育教学这一优势，采取情景转移的方法，通过对季节性因素的良好把握，如夏季的美丽花朵，冬天银光闪闪的滑冰场地，使体育教学摆脱一成不变的格局，也能达到挫折教育的良好效果。

（4）合作竞争法

社会发展是各领域协同作用的成果。在进入社会后，学生既要积极地应对竞争，也要学会与他人合作。竞争为合作教学提供契机，在激烈的竞争氛围下更能激发学生的合作意识，使学生更积极主动地参与到体育学习中，教师可采取小组合作的形式，设定科学的竞争标准，让学生有目的、有计划地展开体育学习，并能与小组成员并肩，正视成败，实现对自身的科学定位。

（5）极限挑战法

挑战项目能够激发人的肾上腺素，带给人精神上的快感，而极限挑战项目使人在运动中最大限度地支出体能，使身体潜能得到更好的开发。在极限挑战中，学生不单单要尝试完成项目，还需要经历漫长的锻炼时期，诸如"铁人三项"、举重、铅球等都是学生突破自我的良好选择，且对学生的耐力和承受力等都是很大的考验。通过极限挑战项目的创设，学生的意志力得到提升，进而对挫折的承受能力也得到提高。

3. 体育教学中开展挫折教育的有效策略

（1）创设丰富情境，缓解学生压力

"和谐与稳定"始终是校园氛围的基调，这也使得挫折教育失去了有利契机。在过于安逸的环境下，学生很容易出现意志力薄弱、抗挫能力低下等问题。鉴于此，教师应注重教学情境的创设，可以以名人事迹为背景板，使学生洞悉运动员在参与奥运会时的心理状态，切实感受运动员训练的艰辛与赢得荣誉的喜悦。以此让学生意识到挫折是不可避免的，只有通过自身的力量去努力化解，才能使挫折的正面作用得到发挥，在挫折中收获成长。

（2）还原生活案例，丰富学生体验

知识源自生活，与挫折有关的案例往往也来自现实生活。通过挫折教育，将生活中常见的挫折案例更好地还原到学生面前，在日后遇到类似情况时，使学生能够提早作出预判，进而达到防患于未然的良好效果。尤其对于农村学生而言，由于生活的环境较为封闭，社会体验不足，在走进社会后很容易因某个小的挫折而气馁，进而对其日后的发展带来不利影响。挫折教育能够帮助学生更好地适应环境变化，在学生脱离校园步入社会后能够快速适应社会，以更积极的心态应对生活中的难题。教师应注重挖掘日常生活中的挫折教育元素，将挫折转变为学生处理问题的动力与方法，通过运用情境创设的方法实现对某一生活场景的真实还原，让学生切实体会到生活的不易，并能对生活怀抱感恩之心。

（3）科学设置指标，确保体验效果

科学的教学目标有利于教学工作循序渐进的开展，因此教师应从长远、阶段等多重角度考量，设立丰富的教育指标。首先，挫折教育的内容应当与课程紧密相连，在教学实践中捕捉挫折教育的契机，并对挫折的难度进行适度调整；

其次，激励机制也要遵循适度原则，在确保课程趣味性的同时巧妙设置关卡，吸引学生自主参与到项目当中，教师鼓励性话语不应过繁过量，还需结合学生的实际表现情况给出评价；最后，挫折教育切忌好高骛远、过分抬高挫折难度，以免给学生增加压力，最终适得其反。

（4）注重师生交流，加强心理疏导

大学生正处于人生转折的关键时期，相较于体能上的训练，学生更需要心灵上的关怀与疏导；鉴于此，教师应结合大学生心理发展规律选择多元化的心理辅导方式，积极发挥榜样作用，积极克服教研上的困难，以更饱满的状态投入到工作中，引导学生找到努力的方向与目标。例如，在设立极限挑战项目时，教师应起到带头作用，带领学生坚持不懈地做好每日训练，规范每一个动作，带领学生走过每一个艰难的时间点，让学生在爱与鼓励的氛围下不断冲破困难，从中获得成功的喜悦。

# 第二节　高校体育教学方法的选择与应用

## 一、高校体育教学方法选择的依据

### （一）教学方法应有效促进课堂教学目标的完成

教师的教学方法需要结合学生的特点与教学内容有效进行，同时，教师教学方法的选择也应当考虑到学生的课堂学习目标与教师课堂教学目标的完成。因此，教师在选择相关教学方法时，应当分析教学内容的特点，合理地设置教学目标，这样才能有效确保教学方法与教学内容的有效结合，从而促进课堂教学目标的有效完成。教学方法的好坏，是在不断探索更新中判定的，教师应当充分的结合实际情况与相关理论进行体育。

### （二）教学方法应有助于激发学生的主观能动性

无论在哪一课程的教学过程中，学生均是课堂教学的主体，教师则应当合理地运用教学方法，从而激发学生的主动性，提升学生的课堂学习积极性。体育本身就是一门较为活跃的课程，需要教师的主动参与和配合。因此，教师在选择教学方法时应当有效考虑体育课程的特点，合理地选择教学方法，有效激发学生的主观能动性，使学生的课堂学习效率得到有效的提升。

### （三）教学方法应有利于教师合理把控课堂教学节奏

高校体育教师在选择体育课堂教学方法时，不仅仅要考虑到学生的课堂接受能力，同时还要考虑到自身的相关能力，教师自身必须确保能够对教学的节奏进行有效把控，对于学生的课堂反应能够做出相应的应对。当然，这些考虑的因素与教师自身的教学经验有很大的关系，所以教学在选择教学方法的时候，需要对自身的实际的情况以及对课程的把控加以考虑。

## 二、高校体育教学方法的应用

### （一）以传统体育为基进行移植

在时代的熏染下，民间传统体育不断革新与进步，其内容之丰富、教学方式之独特已足以为体育教师所借鉴。教师在教学过程中不妨从中选择一些内容作为课程的教学内容。在选择时，不能够机械地一移了之，其关键在于"植"。在"植"的过程中，需要以教学内容为依据重新进行整合和分析，为民间传统体育内容注入新的活力与生机。例如，"踩高跷"培植为"机器人"，"走梅花桩"培植为"踏石过河"等。因为传统民间体育活动颇具地方与民族特色，不受时间、空间、地点等的限制，游戏内容丰富、方式灵活，集游戏性、趣味性、教育性于一体，所以实在不失为健身、健心、健智的有益运动。

### （二）从实际生活中寻求教学灵感

在学校中不乏这样的教师，他们凭借自身丰富的教学经验在反复教学的过程中获得灵感或启发，联想出一种全新的与教学内容相符合的教学方法。如此，不仅丰富了教学方法，而且还提高了学生的运动兴趣，有利于学生更快地掌握基本动作及其动作要领。当然，想要从教学经验或实际生活中获得灵感并非易事，这要求教师本人在具有丰富的知识与经验的积累的同时，还要具备良好的观察力、想象力。通常，知识和经验越丰富，对其所能够联想的范围就越广泛，创造的灵感就越多。

### （三）运用类比创造出符合教学内容的教学方法

所谓类比教学法，就是根据同类动作在教学方法上的相似度进行分类总结，划定其优劣或科学性的强弱，从而设计出更为完善的科学教学方法。比如，以体操滚翻类动作的结构和特征为基础，结合其各自特有的优势的部分进行改造，推出一套适合双杠前滚翻成分腿坐的教学方法：在杠面上铺一层垫子，这样有利于消除学生的恐惧心理。当然，采用这种方法创造出的教学方法也存在不可靠性，因通过类比推理所设计出的教学方法，毕竟只是一种预先的设想，只有通过实践的检验，逐步修正与完善，表现出良好的教学功能，才可以成为科学的教学方法。

# 第三节　现代高校体育教学方法的科学发展

## 一、现阶段高校体育教学方法的发展特征

### （一）以学生为主体注重综合素质的培养

目前，我国教育领域的主题就是素质教育，以人为本的教育理念是其核心内容，也是现代教育教学活动开展应该遵循的原则，同时体育课程的教学大纲也明确要求，不仅要重视学生体育专业技能的提高，而且还要对综合能力的培养与塑造加以重视。在开展体育教学的时候，因为学生个体与体育专业水平上存在着差异，要想让学生能够得到全面发展，避免产生两极分化的教学效果，仅仅采用传统的以教师为主体的单向传输教学模式已经不能满足要求了。现阶段的体育教学不仅要求选择的教学方式与素质教育以学生为本的主题理念相符合，同时也明确了现代体育的教学目的，即以促进体育专业学生综合素质全面发展为原则。这种以人为本、注重综合素质培养的现代体育教学理念，也充分地体现在现代体育的教学方法上，所以说这也是现代体育教学方法的鲜明特征。

### （二）强调体育教学中师生互动的多边性

在传统的体育教学中，所开展的教学活动多数都是以教师为单项主导的，但是现代体育教学活动在开展的时候，更加注重的是师生之间、生生之间以及教师与教师之间这种具有多边性的教学沟通方式，而不是只对教师与学生之间的单项或双向沟通。现代教学理论认为每一门学科的教学都应当是建立在教学多边性的活动过程的，从这个角度上看，现代教学理论是显而易见与现代体育教学相符合的。在开展现代体育教学的过程中，以现代教学理论作为指导是其得以展开并取得有效教学成效的一个必要条件，这种多边性的互动教学模式既能够充分调动学生对体育热爱的内在情绪，同时还可以在开展教学活动的时候促进学生创造思维的培养，并且能够让学生在进行体育学习的时候更加积极主动。

### （三）注重体育教学中美育价值的体现

育美于教可以说也是现代体育教学方法所具有的一个特征，好的行为习惯是一个人优秀素养的体现，现代体育教学不仅仅是教授体育技巧，也注重在教学中塑造体育专业学生自身素养的建设。美育的实质，就是以自然之美滋润学生自然成长，以生活之美启迪学生自己成长，以艺术之美促进学生自由成长，以崇高之美引领学生自觉成长。现代体育教学方法强调美育价值在体育教学中的体现，教学中融入美育可以让学生体育学习的过程中感受到时代美、体育美、力量美以及运动美，进而从科学宏观的视角解读体育专业，更能体会到体育学习的深远价值，这就要求教师在教学中创造美的环境，充分的发掘体育教材和体育教学内容，将丰富的审美要素融入施教的过程，促进学生体育专业素养的全面提升。

## 二、现代高校体育教学方法的发展趋势

### （一）教学过程合作化的趋势

教与学是整个教学过程中既统一又各自独立存在的两个内容，以往传统的体育教学注重内容的单向传输，而以现代教学理论为基础的现代体育教学。既注重教的方法，也重视学生在学习过程中学习方法的培养，这也为现代体育教学方法的构建提供了理论基础和发展方向。也就是说，现代体育教学方法在方向上能够实现教与学的相互转化，表现出教学活动的有机性以及合作性。

### （二）教学方法逐渐多样化地发展

高校体育教学是一个动态的过程，尽管教师会按照教学内容、目的、任务与学生的具体情况对某种教学方法或教学程度进行设定，但在教学实践中仍存在很多可能的变化。为了使高校体育教学目标得以顺利地完成与实现，在对教学方法进行运用时，教师应纵观全局，将多种教学方法有机结合，使教学方法体系的整体性功能得以充分发挥。现阶段，高校体育教学方法主要呈现出多样化的发展趋势，这对于教学效果的取得与教学目标的实现具有十分重要的作用。

### （三）现代化教学设备的广泛使用

现代科学技术的快速发展促进了现代化教学手段的使用，丰富了高校体育教学的资源。在高校体育教学过程中，现代化教学手段被广泛使用，使学生空间与时间的感知得到扩展，同时使其认知客观世界的能力得到提高。一方面，

在高校体育教学方法中引入现代化的教学设备，不仅能使教学活动更加形象、生动、视听并用、声情并茂、动静结合，同时还能使体育教学的科学性与吸引力得到提升；另一方面，将现代化教学设备引入高校体育教学中，有利于各种教学方法的有机结合，充分地调动教师和学生的积极性，进而对最佳教学效果的获得起到一定的促进作用。

# 第六章　高校体育教学模式的科学发展

我国高校响应党和国家推进素质教育的号召，积极推进高校体育教学改革，为实现素质教育理念所蕴含的教育目的，必须有与之相适应的教学模式创新。本章分为体育教学模式概述、常见的体育教学模式及应用、现代高校体育教学模式的科学发展三部分，主要内容包括体育教学模式的定义及概念、我国体育教学模式的分类、我国体育教学模式的构建、体育教学模式的概况等。

## 第一节　体育教学模式概述

### 一、体育教学模式的定义及概念

#### （一）体育教学模式的定义

体育教学与其他学科的教学活动截然不同，具有自身的独特性，因而体育教学模式反映的不仅是教学模式的一般特性，还要体现出独特的体育教学活动。长期以来，人们一直在寻找教育领域理论与实践之间的联系，并寻求中介。实践是检验理论的唯一标准，它们是相互依存的。体育模式是一种新的事物。它的起源"模式"一词在《现代汉语词典》中解释为："某物的标准或人们可以遵循的标准模型。"研究结果，不同教育者的不同意见，从不同的角度定义了教学模式，但教学模式概念的定义在教育界尚未达成共识。为了实现教学任务，完成教学目标，达到预期的教学效果，教学模式承担了教学理论和教学实践的中介作用。

#### （二）体育教学模式的概念

在 19 世纪 80 年代初期，在寻求提高体育教育质量和效率的过程中，人们发现体育教育模式可以将教与学联系在一起，并促进体育教育的整体优化。由此，一些体育科研工作者开始关注体育教学模式的研究，其概念定义更加清晰。国内学者从不同的研究角度定义了体育教学模式的概念，有人认为体育教学模式就是体育教学结构，也有人认为体育教学模式就是体育教学过程的模式，还有人认为体育教学方法就是体育教学模式等，但迄今为止还没有一个使学界共识的明确定义。

近年来，在对体育教学模式的概念、分类和现状方面的研究，主要成果有毛振明博士发表的"关于体育教学模式研究"等一系列的研究成果、赵力的"对教学模式与体育教学模式的思考"、肖焕禹等的"体育教学模式的研究"、张洪潭的"体育教学模式之研究"以及李杰凯等的"关于体育教学模式的一般理论研究"等；根据已提出的现有的较为成熟的体育教学模式进行的实践应用研究，则是目前国内外研究的主流，在学术期刊发表中拥有大量的篇幅。主要有王华倬等的"浅析当前我国体育教学实践中的几种体育教学模式"、杭兰平等的"在高校体育教学中综合运用多种教学模式的实验研究"以及刘诗教等的"对三类体育教学模式教学效果的实验与研究"等；随着社会的发展进步，学校教育对体育的高度重视，也有一些人开始研究创新新兴体育教学模式，主要有张凤岭等的"'开放型'体育教学模式的理论探讨"、董宇的"自助式体育教学模式在高校散打教学中的构建与实践研究"以及关成雪等的"开放式体育教学模式在高校滑冰教学中的构建与实践研究"等。至今为止，大多数学者还是将教学模式定位在教学过程范型上，理解为不同的教学过程的设计和方法体系。

邵伟德、尚志强在《论体育教学模式研究的现状与未来发展》中，提到了体育教学模式在最新版的《体育科学词典》的定义是"按照一定的体育教学理论或教学思想设计，具有相应结构和功能的体育教学理论或教学活动模型。"在他的研究中发现，我国有关于体育教学模式的研究开始的比较晚，主要在20世纪80年代以后才开始兴起研究热潮。但是还是存在只有很少一部分人去研究体育教学的概念，以至于目前也没有形成一个统一的定论。更是出现大批新兴体育教学模式，大家各抒己见，各执一词，导致体育教师在体育教学方面出现迷茫。对不同体育项目到底应该采用何种教学模式开始了未知的尝试。

程国栋在《体育教学模式研究综述》中，研究综述前人总结的基础上，认为体育教学活动具有其他学科教学活动的自身独特性，单一化的教学模式会严重制约这个学科的发展，从而制约学校体育的进步。同时他认为，在实际的教学中，应该避免生搬硬套，要根据不同的教学环境灵活机动地选择不同的模式。

为此，他总结概念为：不变的教学对象与教材、固定的教学过程结构与教学方法手段，在一定的体育教学思想指导下，完成教学既定的教学目标与任务而形成的长期适用的规范教程。

赵立在《对教学模式与体育教学模式的思考》中认为，每个人是可以大胆尝试去创新体育教学模式，只要符合教学实际需要，理论相对正确，关键是在实践中要具有可行性，并总结提出体育教学模式是在体育理论基础指导下的能够体现在一节体育课中用来完成基本体育教学目标的一种模型与策略的组合。

胡海鹰在《从体育教学模式谈体育课的教学规范》中提出，不同的体育教学模式具有不同的体育教学目标与教学方法与手段，蕴藏的指导思想也不同。他认为是符合上体育课的一种操作模型，用来完成规定的教学目标和内容。

杨楠在《体育教学模式与主体教学浅论》中，提出体育教学模式是教师从事教学活动常用的一种范型。体育教学模式建立的依据一直都是困扰研究者的问题，无论是否具备科学性还是有效性，都要遵循一定的原理构建一定的结构框架或模型，能够根据不同学生、不同项目、不同课程来填充内容，以求到达完成课程目标与任务，同时还要符合一定的教学指导思想。这种模型或是框架最终是需要通过反复的教学实践去不断摸索改进，整理加工，最终形成比较稳定的形式用以最初实践课的课程项目上，并且这种模式也会在后来的实践中收到良好的教学效果。

基于上述各位相关学者对于体育教学模式概念的定义可以发现，其共性表现在所有的概念定义范式都是以体育教育思想与理论作为指导，从体育教学结构、过程、方法等四个方面所形成的一种稳定的教学模型，不同点在于其界定研究侧重的方向差异化，形成了以体育教学结构、教学过程、教学方法的方向来进行概念定义。

## 二、体育教学模式的分类

在 19 世纪 70 年代末和 19 世纪 80 年代初，我国的体育改革全面启动。这项改革以体育思想的转变为指导，并以体育方法和方法的更新为基础。然而，经过一段时间，人们发现这种形式的改革导致理论研究与实践研究之间出现一定程度的脱节。因此，自 19 世纪 80 年代后期以来，与教学思想和教学方法有关的体育运动就出现了。而过程结构的研究是体育教学模式的研究。19 世纪 90 年代后，体育模式已成为学校体育改革的重要研究方向，而分类是研究体育模式的主要方法。它体现了研究内容与方法并集中反映了研究对于教学模式的基本认识，但学界在体育教学模式的分类研究显得模糊不清，这一问题直接影响了体育教学模式体系的建立。另外，由于教育目标的多重性，教师需要利用多种教学模式来促进学生的成长与发展，为了便于体育教学的实际应用，学界对体育教学模式的分类研究颇为关注。

邵伟德认为体育教学模式分类要与对象的本质属性和显著特征相结合，他利用"二分法"将体育教学模式分为两个部分：①按照体育运动技能属性可分为：传统运动技能、启发式、领会式、选择式、小群体式、成功体验式等体育教学模式；②按照非运动技能属性可分为：快乐体育、体育锻炼、情景式等体育教学模式。上述各位学者对体育教学模式分类和总结可谓各有建树，对我国体育教学模式发展有重要的理论意义。

总的来看，学界对于体育教学模式分类研究主要依据体育教学方法的特殊性、体育教学模式的本质特征以及分类对象的本质属性与特征三个方面来展开研究，虽然众多学者基于不同的科学理论指导来对体育教学模式进行分类且分类方式不尽相同，但是分类研究的目标却是一致的，即帮助体育教学模式的实施者能够有效选取适合教学对象的模式，促进教学对象的成长与发展并符合实践需求。

## 三、体育教学模式的构建

1998 年毛振明在《体育教学模式论》一文当中明确提出："到底用什么来建立教学模式，或者说具有了什么要素才能真正成为模式"，并围绕这一问题展开对体育教学模式的建立展开探讨，具体包括建立依据、稳定性、可实践性、特性、对应维度等五个基本属性，其中体育教学模式建立依据包括对教学指导思想、教学规律与原理的认识。在新世纪，面对传统体育教学方式改革的要求、学校体育改革的要求以及现代社会为体育教学方式改革提供的条件，许多体育科研工作者依靠在多学科研究成果、技术和方法上建立新的中国体育教学模式，使体育教学模式变得多样化。学术界主要围绕体育教学模式的构成要素，构成方法和途径进行了研究。

### （一）构成要素

从体育教学模式的构成要素来看，国内对体育教学模式的构成要素主要从方法论体系和其本质理论进行设置构成要素。在方法论体系上比较有代表性的是方建新、俞小珍提出的体育教学模式应由理论依据、体育教学目标、操作程序、师生组合四个要素成；邵伟德从体育教学方法角度提出体育教学模式应包含指导思想、目标、教学组织、教学方法、教学风格五个要素。在其理论本质上比较有代表性的是毛振明提出的：任何一种教学模式都不是无凭无据的想象出来的，也不是从教学指导思想之间传递出来的，而是需要对教学过程的研究和教学过程原理规律的认识，再到教学过程调整出符合新流程的结构，最终整合设计出来的，体育教学模式应由教学过程结构与教学方法体系组成。此外，许剑从"三元运行机制"的角度阐述了体育教学模式构成要素主要有体育教学结构、体育教学方法和体育教学程序，并且这三个部分处于相互依存、相互促进的运行状态，可以看出体育教学模式构成因素之间是不断发展和更新的，并呈"螺旋式"上升状态。基于上述认识，我国体育教学模式的构建要素已经形成了较稳定的理论基础，这对于促进体育教学模式构建与发展提供了科学的理论指导。

### （二）构建方法

从体育教学模式构建方法来看，可分为三个方法来构建：①总结归纳法：总结归纳教学实践过程中的规律与方法，它是依靠实践积累作为出发点，经过实践经验的筛选与补充而形成了"实践—理论"的体育教学模式，如"三基型""一体化型""并列型""三段型"等模式；②理论推演法：它的主要形式是将体育心理学、方法论、哲学等理论通过提出假设到演绎以及运用至实践的推导方法，是一种"理论—实践"的体育教学模式；例如，在程序体育教学模式理论总结下形成的"三自主型"等模式；③综合法：它主要是根据实际情形与客观条件的情况，来对两种构建途径进行可用元素选取与结合，进而实行构建重组，例如，近年来出现的基于高校体育教学的"课内外一体化"与"互联网＋体育"体育教学模式，主要目标更科学地实现课内与课外体育运动的有效统一。

### （三）构建途径

从构建途径来看，除了上述根据基本理论与实践经验总结而来的体育教学模式以外，学界出现了从某一理念、思想依靠并结合其自身特点作为构建突破口进行教学模式的构建，并且整个研究动向与国家政策指导有着较大的联系。如刘平江、杨铁黎等基于国家发布的《深化教育改革全面推进素质教育的决定》这一政策，从素质教育的角度探讨了体育教学模式的基本概念与分类模式群等，并提出素质教育思想的浪潮推进，对我国体育教学是一种挑战，也是一种机遇，同时有学者从这一政策文件中"健康第一"的角度探讨指导思想对于我国高校体育教学改革的一些影响，得出未来建立以人为本、学生主体性的体育教学模式是大势所趋；再如有学者围绕着联合国教科文组织提出的"终生体育思想"，展开了对体育教学模式的构建研究；从"人—体育—自然"和谐发展的基本理念出发，塑造了"生态体育"这一构想并结合实践研究，得出这一构想能够摆脱传统体育教学体系的束缚，进一步推进了我国体育教学模式发展；从"阳光体育"这一理念下对高校公共课教学改革提供了出路，对学生主体性教学进一步加强，学生的心理、生理方面的功能性研究得到拓展；另外有学者基于我国政府发布的《中国 21 世纪白皮书》中提出的"人本主义教育思想"视角下，对我国学生主体性体育教学模式构建提出了理论思考，对指导思想、目标、教学过程、课程设置体系、评价体系的构建指向性做了较详细的理论阐述；岳海鹏、唐小林等从云计算发展基础下衍生的"教育云"理念，利用我国乒乓球精品课程为实验对象，将教育资源进行整合、共享，将学生的主体性、个性化引入了创新实践环节。从体育教学模式构建的方法与途径可知，我国体育教学模式构建成果从理论推导、实践经验积累与国外优秀经验的吸取等途径形成了较多的模型，也诞生了诸多实践性很强的体育教学模式；另外，每种体育教学模式的主导思想都与其诞生时期的时代背景有着密切的联系。

# 第二节　常见的体育教学模式及应用

## 一、体育教学模式的概况

改革开放以后，各种教学模式应运而生，它们在内涵和名称上相互交叉，在理论和实践上造成了一定的混乱。随着国内外体育教学研究的不断发展，在体育教学实践中逐渐形成了一些相对成熟的体育教学模式，毛振明（2010）在《体育教学模式》中系统分析了以下几种体育教学模式：①技能掌握式的体育教学模式；②快乐体育的"目标学习"教学模式；③小群体学习型的体育教学模式；④发现式的体育教学模式。为了满足经济发展和社会发展对人的发展的要求，体育教学越来越重视以人为核心的个体潜能的挖掘，毛振明、吴本连（2014）在《中小学体育与健康有效教学模式》中把体育教学模式分为以下几类：①快乐体育的有效教学模式；②体质教育的有效教学模式；③成功体育有效教学模式；④运动教育有效教学模式；⑤领会教学法教学模式；⑥"SPARK"体育有效教学模式；⑦注重探究学习、合作学习的体育有效教学模式等。这些教学模式大多强调学生的主体地位。以美国为例的体育教学模式有竞技类、健身类、社会责任类以及学科联合类体育教育模式。美国式体育教学模式具有针对性强、理论性、实效性和操作性强等特点。

## 二、常见的体育教学模式与应用

### (一) "二段型"体育教学模式

#### 1. 教学思想

"两段型"体育教学模式的教学思想是关注学生的潜能发展，促进他们的健康成长。同时，他们还必须培养终生的体育锻炼意识，全面发展自己的爱好和特长，增强他们对学习和生活勇气的信心，为社会主义现代化建设全面协调发展的人才培养提供了有利条件。本指导思想与"健康第一"指导思想相吻合，与"素质教育"相适应，符合我国高校体育教育改革的方向。教学组织通常采取一年级基础体育教育的形式，并在第二、第三和第四学年采用可选体育教育的形式。在体育实践中，教师仍占主导地位，学生则占主体地位。在学习过程中，他们在一定程度上满足了学生的学习需求，但仍不能充分发挥主导作用。

#### 2. 教学优点

两段型体育教育模式的优势在于，在大学的四年中，体育教育可以不间断地进行。这不仅可以为学生打下良好的基础，增强他们的身体素质，还可以克服高年级缺乏体育教育的问题，从而导致体育锻炼减少，导致学生的身体素质下降。在 20 世纪 80 年代中期出现的两阶段体育教学模式已经成为现阶段我国高校体育教学的主要模式之一。

#### 3. 教学的主要问题

当前"两段型"体育教学模式需要解决的主要问题是课程设置和教师素质。课程应基于健身项目和技能项目。健身课程（游戏，武术，健美操，运动舞蹈等）因其难度低、易于控制、活跃的课堂气氛、良好的健身和愉悦的效果而广受欢迎，可以满足大学生的心理需求；身体性能课程（田径长跑和投掷）大多是单调乏味的，智力因素所占的比例很小。在中小学，学生已经"厌倦"了他们；对于技术课程，则需要进行一些实验。项目的变更不仅保持了这些项目竞争激烈、团结合作的特点，是增强学生"集体主义"的有效手段，而且具有低排球，软排球等健身娱乐功能。低栏篮球、三人篮球、小足球、球类运动等都从教学实践转变而来。

长期以来，我国普通高校体育教育一直采用竞技体育教材体系，采用训练运动员的训练模式对大学生进行体育锻炼，过多地关注技术动作的规范，并为此设计了过高的质量标准。大量的学生认为它是"压力"，这使他们对体育失去了兴趣，这与普通高等院校的体育目标非常不同。体育教学内容的选择应根据受教者的爱好等实际情况而定。此外，学生的身体素质不同，体育的基本水平也不均衡。因此，应该选择更多学生喜欢的体育项目，减少困难和满足感。满足他们健身和娱乐需求的集体项目是体育课程的主要内容，以便根据自己的能力教给学生。体育教师应尽快转变观念，为大学生提供轻松愉快的学习氛围，帮助他们掌握尽可能多的健身方法，逐步树立"终身体育"的意识。

## （二）"一体化型"体育教学模式

### 1.指导思想

关于体育课内外一体化的研究其实在国早就有相关的研究，大量学者提供了丰富的研究成果，但是他们都只是研究了其中的某一个方面，却没有形成一个系统的完善的理论体系。在这里本书将总结国内学者的研究成果，将这一理论这一个具体的陈述，以期形成完善的体系。课内外一体化教学模式，就是要将课内体育教学和课外体育教学相结合，培养学生科学体育的思想观念，全面发展学生的综合素质。这一理念在具体实践当中又分为三个层面，它们分别为终身体育思想、体育隐性课程论以及体育素质教育。

#### （1）终身体育思想

体育运动贯穿在我们每个人的生活当中，无论你是普通人还是运动员，你都离不开体育。体育运动的普及离不开全民运动的推广，而全民运动最终的目标的就是要培养我们终生运动的目标和爱好，体育教育的宗旨也正是如此。因此，这一理念重在培养你的锻炼意识而并非锻炼技巧，让你全身心到投入锻炼当中，全面培养你的体育精神是这一思想的终极目标。这一理论顺应时代的趋势，符合现代世界体育教学的发展规律。

时代在进步，传统的精英式的"象牙塔"教育已经不能满足现代社会发展的要求。作为中国高等教育重要组成部分的大学体育教育，应该寻求积极主动的应对这种变化，扛起体育教学的大旗，在终身体育教育的推广上成为整个社会的领军者，培养出高素质的体育人才从而适应新时代社会对优秀人才的需要。与此同时，在发展高校体育教育的整个过程中，要以科学锻炼的理论指导实践，进而科学地培养大学生的自我学习能力、自我设计能力、自我运用能力以及自我监督与评价能力，有效地运用校园和社会体育设备设施组织体育健身活动和竞赛活动。党中央关于体育教学全面改革的最新会议的中心思想为：青少年是祖国的未来，拥有健康体魄是所有一切的前提条件，青少年的健康体魄关乎祖国建设的质量，因此关于青少年的体育教育成为了重中之重。学校体育教育所承担的责任和任务十分重大，因此对于我国各大高校来说，深化体育教学模式改革，加强体育教学质量刻不容缓。基于此，我国高校在这一模式的推广方面应是以健康第一的终身体育思想为主要指导理论依据进行改革的。终身体育在推广全民运动的同时，鼓励群众发展一个自己所钟爱的终身体育项目和目标，从而让体育运动真真正正地从群众中来，到群众中去，保证让人们能真正享受体育运动带来的快乐，让群众能够从体育运动中受益终身。而体育课内外一体化教学模式的核心思想正是受该理论基础的启发，同时也是为更好地实现全民终身体育做准备。体育课内外一体化可以让课上体育教学充分结合课下体育锻炼，使之成为一体，让体育锻炼贯穿学生整个校园生活当中，让学生养成热爱体育的习惯，同时到体验体育的乐趣。这种体育教学模式既是来源于终身体育的指导，同时也是该体育教学理念的延续。

终身教育在大学体育课的推广已经到了势在必行的地步，各大高校必须严格贯彻施行这一主导思想，将终身教育具体实践到体育课堂教学中去。在具体实施的过程中，我们要有短期和长期的目标，宏观和微观的方法，让学生真正爱好体育，而不是为了应付考试而去学习，这样只会激起学生的厌学情绪，适得其反。也只有让体育运动成为他们生活中必不可少的环节时，才能真正发挥它的作用。现代体育教育的宗旨就是推广全民参与，个人的英雄主义并不代表国家体育事业的强盛，只有全民参与体育运动，才能称得上体育强国。因此，各大高校应该引起重视，从学生抓起，培养学生终身体育的思想，让学生不仅因为锻炼获得了强健的体魄，还收获了好的终生爱好，培育出德智体全面发展的大学生。

大学生体育教育在推广全民体育，培养终身体育中起到举足轻重的地位。因此，大学生也肩负着体育运动全民推广的责任。所以学校在给大学生进行体育教育时，首先要交的不是如何锻炼，运动技巧和运动方法，而是首先要了解运动精神，了解自己为什么要进行体育锻炼。只有弄清楚了这个问题之后，大学生对体育的认知才会有后续的发展。体育运动所传达的永不言弃，勇争高峰，无私奉献的精神才是我们进行体育锻炼时收获的最重要的东西。基于这一思想，大学教育必须有自己的训练和教学模式，不能生搬硬套地模仿其他人，而是要对不同的学生制订不同的教学计划，因材施教。

（2）校园体育隐性课程的作用

体育隐性课程是相对体育显性课程而言的，传统的体育教育往往只注重对显性课程的培养而忽视隐性课程的重要性。体育隐性课程有着施教主体的多样性、教学呈现方式的内隐性、学生接受的无意性、结果非预期性与评价难量化性、记忆的持久性及教学涉及范围的广域性等特征。

因此，学校在进行体育教学的过程中，除了要对学生进行规范的体育教育，传授学生运动学的知识，教授运动理论的同时更要实施隐性教育。具体可以在学校范围内多举办运动会，让全校师生重视体育，爱好体育，达到全民参与的目的。与此同时，学校可以让自己的校队多和外校的队伍打友谊赛，促进院校之间体育运动的交流，培养浓厚的体育教学气氛。

通过调查分析，学生要想德智体美全面发展，除了有优秀的老师和合理的课程外，浓厚的校园学习气氛也是非常重要的，这一点在一些名牌大学里面体现得淋漓尽致。而隐性课程就是这一内容的最好诠释，它不仅有着和具体的教学内容同等重要的地位，还能让显性课程更好地被学生接受和吸收。因此，将显性和隐性相结合，二者相互配合推广教学往往能起到事半功倍的效果，也能将全校的教育资源发挥得淋漓尽致，让学生真正体会到体育教学的乐趣所在，寓教于乐。让学生不仅锻炼了身体，还学会了体育想要传达的精神。鉴于此，将显性教育与隐性教育相结合的教学模式是大势所趋，也能够很好地将体育教学的宗旨传达给每一位学生，从而使当代体育教学在文化的选择和学生对文化的适应、培养目标的实践中发挥出它的优势。

（3）高校体育素质教育思想

素质教育一直是我国高等教育的教育宗旨，也是各大高校最为重视的地方，而体育素质教育秉承了这一属性。它是在素质教育思潮的背景下提出来的，该思想要求教育不能一成不变，生搬硬套，而是要因材施教，寓教于乐，提倡培养学生的兴趣爱好和特长。体育教程的安排要有的放矢，讲求实效，在体育教师的指导下，使学生体育和素质全面发展。高校体育教育不仅仅是让学生拥有强健的体魄，娴熟的运动能力。这样的学生也许会是一位好的运动员，但他远远达不到高校体育教育想要达到的目的。换句话说，他距离学校的培养目标还是远远不够的。因此，在这里我们提出了高校体育素质教育的概念，它是一种全面的、高效的教育理念。素质教育对于人的一生都有着重要的影响，而这一点有着与体育教育高度的契合度，因此体育素质教育就应运而生。它的终极目标就是让学生不仅拥有强壮的身体，还拥有体育的魂魄、运动的精神。

因此，我们必须摒弃以往的教学思路和方法，在课堂上，不仅要培养学生的运动技能和体育知识，更加要注重素质的培养。这里的素质是全方位的，不仅仅是与体育相关。因为光有发达的运动能力而欠缺专业素质会制约着学生们的发展，所以高校不能为了出成绩就忘记自己体育教育的初衷。只有这样，学生才能更好地领悟体育运动的真谛，才能更好地领悟运动精神，才能更好地把课堂上的知识融会贯通。光有发达的运动神经而欠缺专业素质会制约着学生们的发展，所以高校不能为了出成绩就忘记自己体育教育的初衷。而课内外一体化的教学模式正是在尊重高校体育素质教育的基础上，衍生而来的全新的体育教学模式。该模式注重教学与实践相结合，通过举办比赛，运动会的形式来调动学生的积极性。该体育教学模式充分调动课内、课外的体育资源，以"课上带课下"给予学生丰富的体育锻炼方式选择，关注学生个性的发展，注重体育文化、锻炼意识、意志品质的全面发展。

2. 实施现状

随着近年来全国各大高校争相实施体育课内外一体化教学，该体育教学模式实施状况究竟如何，是值得我们去追问的。以湖北省武汉工程大学的体育教学改革为主要研究对象，对该校在实施体育课内外一体化教学以来的现状作出考察。该校在实施体育课内外一体化教学模式的核心措施在于通过对学生参与早操、课外锻炼、俱乐部活动、运动队训练等内容纳入学生每个学期体育课成绩的评定体系之中，且占总成绩评定的 60%。通过此项举措，把课内教学和课外体育锻炼有机结合，促进学生阳光体育活动的开展，达到增进学生体质健康的目的。

（1）体育课内教学管理现状

该校体育课内教学课程类型分别有体育基础课、体育选项课、保健课及体育素质选修课组成。这些课程通过理论教学和实践教学，让学生掌握体育与健康的基本知识、科学的锻炼方式、方法以及帮助其养成坚持锻炼身体的良好体育锻炼习惯。

①体育基础课教学。体育基础课是面向该校学生第一学期开设的体育课程。该课程开设的体育教学项目除基础的体育理论类课程外，会根据男女生性别不同实施不同的教学项目。男生的体育教学项目有体育理论、篮球、足球、身体素质练习。女生的体育教学项目有体育理论、排球、篮球、身体素质练习。

该体育课程的总体要求如下：第一，体育理论教学安排 6 学时，内容采用大纲规定教材，第一次授课采用分班形式完成、其余两次采用合班形式完成。第二，身体素质练习以《学生体质健康标准》测试项目为教学内容，并且每次身体素质练习教学时间不少于 35 分钟。第三，篮球、排球、足球项目以该项目基本技术为主要教学内容，每次教学时间不多于 35 分钟。

②体育选项课教学。体育选项课是面向该校学生第二、三、四、五、六学期开设的体育课程。体育选项课目的在于满足不同学生的个性化需求，充分给予学生自由，让学生依照自身的体育兴趣爱好选择适合自己的体育课程，从而提高学生的锻炼积极性，增强其体质，培养其体育锻炼习惯。同时为更好地满足科学锻炼的要求，该课程配以实行打破班级、年级，按运动技术水平分层次教学。

在开设的体育项目上该校还是充分给予学生宽裕的项目选择范围，而在具体实施要求则有以下三个方面。

第一，学生必须规定在第二学期选择项目，在接下来的第二、第三学期必须按选定的项目为教学内容学习；同时教师必须在连续的两个学期内完成带同一班级的教学任务。

第二，从第四学期开始，允许学生重新选择授课项目。同时规定选定项目后完成该项目第四、五学期教学任务。教师必须完成连续带同一班级两学期的教学任务。

第三，在第六学期所有学生必须按照体育部规定进行一学期的游泳课学习。

（2）体育课外管理现状

①体育俱乐部教学管理。随着体育课内外一体化改革的进程，武汉工程大学从体育教育整体性出发，突出参与自主性、管理开放性、方法灵活性、运作经营性，尝试构建一个体育学习环境更加宽松、娱乐、社会化、个性化的新格局，建立一个以生为本的评价激励机制，激活高校体育新的增长点。在体育俱乐部的组织架构上，作出更加优化的调整，整个俱乐部组织运营模式更加注重合作与协调。体育部与俱乐部之间有了更多的沟通，各单位分工更加地细致。该校的体育专项俱乐部日常工作的管理人员组织架构主要由各专项俱乐部主席统筹，同时体育部主管主任和俱乐部联盟通过加强日常的工作联系和沟通，要共同制定每个学年度的体育俱乐部的工作安排，协调好体育俱乐部的日常管理。通过体育部、专项俱乐部等各个单位的共同努力工作，俱乐部组织的日常管理

效率得到更好的优化，也为该校的师生创造了更加宽松、自由的体育锻炼环境。

②大学生课外锻炼管理。大学生课外体育锻炼目的在于通过充分发挥学生自主锻炼的积极性培养学生体育锻炼的习惯，从而减轻了学校体育老师的工作负担，提高学校体育教学的效率，但同时也要给予学生充分的自由度。独立自治的课外体育锻炼形式，是该校课外体育锻炼的重要特点。该校的体育课外锻炼的日常管理工作加大了与体育俱乐部协作力度。课外体育锻炼的项目由原来的早操扩充到体育俱乐部参与的多项体育活动中。参与课外体育锻炼的人员除了该运动的爱好者，还包括俱乐部学习的学生和俱乐部积极分子。整个课外体育锻炼的组织工作由单项俱乐部培训部主持，同时体育部安排教学人员协助支持单项俱乐部培训部的组织工作。辅导场地有学校体育部提供，俱乐部培训部协商后确定训练时间（通常周五、周六、周日或者其他时间，训练频率保证一周至少两次），同时为了加强学生参与的自主性，要适当安排一些学生担任培训人员。

课外体育锻炼作为体育课的重要补充，其目的在于将体育锻炼的课堂由课内扩展延伸到课外。形式上的多样化，可以丰富学生体育锻炼的选择，完善体育课内教学的诸多不足（例如体育课时少、方式单一，无法完整有效地教授体育专业技术技能等）。通过课外体育教学的学习，学生无论是在体育专业技能的掌握效果上，还是在课余有效体育锻炼的次数均有所提升。

（3）课内、课外结合实施途径

课内课外如何一体化，是该校实施课内外一体化教学模式的核心问题。通过考察，其一体化的形式主要通过教学模块的学时分配和考核比例分配这两种方式进行的。

①教学模块学分、学时分配改革。通过教学模块的学时分配的举措，该校试图把课内教学和课外体育锻炼有机结合，以促进学生阳光体育活动的开展，达到增进学生体质健康的目的。该校的具体措施有以下几种。

一是学时安排：将大学体育课程学习设置为6个学期（第一学期24学时、第二～第六学期每学期16个学时）。从第二学期开始，每学期均增加16个课外学时。课内学时数104、课外学时数80，共计184个学时。

二是学分安排：课内：第一学期为1.5个学分，第二～第六学期各为1个学分，共计6.5个学分；课外共计5个学分。

三是教学模块学时分配。

课内学时：104 学时。

课外学时（80 学时）：课外自主锻炼（早操）30 学时、俱乐部活动 30 学时、体质测试 20 学时；运动训练（群体活动）。

同时要求：学生从第二学期开始每学期必须完成 12 次课外自主锻炼（早操），一次按照 0.5 个学时计算；每学期必须完成 6 次俱乐部活动，一次按照 1 学时计算；体质测试每学期安排 4 学时。参加运动训练（群体活动）的学生考勤由教练员负责。该举措的实施彻底改善了以往体育教学学分、课时分配偏重课内的趋势。通过更加合理科学地分配学分、学时，保障了该校学生在课内、课外两种形式上都得到同样充分的锻炼时间分配。

②考核比例分配方式创新。体育成绩的考核牵动着每一个学生的心，同时也是引导学生日常体育锻炼的指挥棒。通过实施体育考核方式上的创新，鞭策大学生养成良好的体育锻炼习惯，并同时丰富广大师生的体育生活。该校的考核比例分配方式创新主要由两个措施进行。

一是该校将学生考核成绩设置分别由两部分组成：平时成绩和期末成绩。平时成绩以参与课内学习、早操、课外锻炼、俱乐部活动等考勤为依据。而期末成绩，则以该学期所学项目考核成绩为依据。

二是该校将考核比例分配为：平时成绩 60％和期末成绩 40％。

平时成绩 60％包括：课内学习 20％、课外自主锻炼（早操）20％和俱乐部活动 20％，由三个部分组成。

期末成绩 40％则是体育项目考核成绩。

3. 教学实施过程中的问题

通过以武汉工程大学体育部为例的数据调查，对高校体育课内外一体化教学所取得的成果还是可以基本认可的。尤其对于学生的体质健康方面的提升效果，还是有目共睹的。但是这些成果的背后，依然存在着这样或那样的问题。

（1）学生参与体育俱乐部活动缺少热情

体育课内外一体化教学模式注重课内、课外协调发展，课内带动课外，而体育俱乐部作为课外锻炼中的重要一环，其重要性不言而喻。学生对于俱乐部体育教学的满意度尚可，接近七成的满意度相比于几年前已经有了长足的进步。但是在学生参与度方面还是有明显欠缺，学生对于学校体育俱乐部活动的选择很少，参与的人数接近五成。这个比例反映了学校体育俱乐部教学的发展做的工作显然是不够的。

在具体的实施过程当中，是什么原因导致了学生的参与度这么低呢？据实地考察：首先，本校的俱乐部体育教学在利用时间方面，有着明显的漏洞，例如，平日早操、周末假日等时间完全可以更加优化地整合进教学体系里；其次，项目设置不完备，虽然有更多像足球、篮球、羽毛球等大众类项目进入到俱乐部体系里，但是这些项目仅仅只能满足一部分学生的要求，而桥牌、围棋等智力型体育项目没有设立，因而这个体育专项布局有一定的局限性；再次，缺乏科学合理的考核机制，如遇到部分老师责任心不强和学生缺勤的情况下，缺乏一定有效的考核机制来约束。

（2）体育方向的资金投入有限

根据调查，近些年来武汉工程大学的体育经费的投入基本维持在65万～75万元之间。其经费投入主要覆盖以下几个方面：教师薪酬及生活补助、运动员训练费及补贴、举办校级各类型体育赛事的经费、购置球类等体育教学易耗用品费用以及体育设备、器材、场馆的保养维护费等。

调查发现，武汉工程大学的所有运动队当中，只有健美操体育队可以拿到10万元的国家高水平运动员补贴费。该补贴费不计入学校体育经费的总投入，是国家单独奖励高水平运动队的特别补贴。此项补贴也是国家对该运动队平时刻苦训练的褒奖。

从总体来看，学校的体育经费的投入会直接影响本校体育教学改革的效果。经费投入不足，会影响体育场馆的建设和维护，损耗的体育教学用品无法给予体育课堂高质量的运动体验，同时也会影响学校体育赛事的正常开展。由此所导致的尴尬后果，将直接消磨学生的体育运动热情和教师的教学积极性，对体育课内外一体化的改革实施是非常不利的。因此，学校领导还需多重视学校体育，适度增加体育的经费划拨。

（3）硬件设备、场馆不足

体育器材维护及场馆建设一直以来都是各高校体育课程教学、校级体育赛事开展、高水平运动训练和其他课余课外体育活动正常进行的重要硬件基础。应该说，完备的、良好的体育设备和场所，可以为学校进一步深化体育课内外一体化改革提供坚实的硬件基础；反之，恶劣的、落后的体育硬件设施会阻碍课内外一体化改革的有效落实，同时也不利于营造一个和谐舒适的体育锻炼氛围。因此，体育器材维护及场馆建设问题应得到各高校领导的重视。

4. 对于一体化教学模式的建议

（1）加大力度建设校园体育文化

在实行体育课内外一体化教学模式以来，全国各大高校都越来越重视平衡发展课内、课外体育教学。然而，曾经一时流行的校园体育文化建设却越来越形式化，完全可以通过建设校园体育文化的方式，来使高校体育教育更加具备整体性和连续性，实现体育课内教学、课外锻炼有机地结合。校园文化作为一种重要的软实力，可发挥出重要的隐性课程的作用。同时，校园文化也是高校综合实力的体现，它呈现的是代表一所学校的精神风貌。在校园文化的熏陶下，一代代杰出的学子茁壮成长。在该校实施体育课内外一体化教学的大背景下，校园体育文化建设同样也是一个重要的组成部分，是课外体育锻炼方式的重要补充，有助于发挥学校隐性课程的教育作用，提高学生对于终身体育的认识。在高校体育课内外一体化背景下，校园体育文化的建设需要注意以下几点。首先，校园文化建设内容主要渠道可以由以下三个方面进行。

①校园体育文化节。一直以来，为弘扬体育精神，增强师生体质，全国各大高校都会举办各式各样的体育类活动。但是效果最好的还是校园体育文化节。一年一度的校园体育文化节已经成为高校师生施展个人风采、凝聚团队精神、营造文明风尚和健康体育氛围的主要舞台。在这个广阔的舞台上，竞争有序与团结友爱并存，积极向上的气氛感染每一位学子，使其体验着体育运动的魅力。同时举办独具特色的校园文化节，应该注重其内容的丰富性。学校体育部可以根据学生的喜好设置不同类型、颇具趣味的体育活动吸引学生参与进来，如体育摄影、体育游戏、体育比赛、体育征文等活动。同时，在活动中传播体育的健康性、娱乐性，寓教于乐，既让大家通过文化节活动感受到快乐，又让广大师生认识到体育的重要性。

②体育文化论坛。每年由校方不定期举办体育文化论坛活动。由学校或者体育部邀请国内外知名专家、学者来校进行体育文化的讲座，以此推动该校校园体育文化的传播。

③开设各种宣传校园体育文化的选修课程，例如：时装表演与艺术、世界武术欣赏、体育文化鉴赏、体育欣赏、桥牌任选课、极限运动欣赏、现代休闲体育欣赏与实践等选修课程。其次，要提升学生参与体育文化节的热情和参与度，学校可以通过分配一定学分和学时的方式，以激励学生参与学校组织的体育文化活动。

通过以上三种方式充分调动所有的学校资源，发挥体育课内外一体化的整体性特点，打造更具特色更具吸引力的体育文化活动，充分挖掘校园体育文化中隐性课程的作用。

（2）突出学生参与的自主性

当今高校在实行体育课内外一体化教学模式的时候，普遍存在学生热情不高、参与度较差的状况，究其原因还是因为学校没有给予学生充分的选择自主性、管理不太开放造成的。高校体育课内外一体化教学模式的核心思想在于通过打破传统高校体育教育模式的局限，创新性地增加体育课程的灵活性，充分给予学生选课自由，适时调整体育学习的口径，以符合当今信息化、科技化社会的时代要求。因此，对高校体育课内外一体化教学有以下建议。

首先，从激发学生参与性的角度入手，让学生自由选课、自由选师。具体可操作如下。

①建立智能选课平台。在这个互联网＋的时代，选课平台一方面要迎合时代的发展，一方面也要考虑学生使用的实际情况需要。高校可建设基于互联网的选课平台，学生可通过电脑或者手机 APP 下载相关软件选课。更加智能化的选课平台同时也可满足学生更加个性化的选课需求，同时校方可通过网络反馈得到的选课信息，统筹规划相关的体育课程安排。

②学生自由选课，自主择师。为了充分调动学生参与体育的积极性和自主性，要给予学生足够自由的选课和选师的权利，真正做到以生为本。让学生去选择体育学习的内容、学习对象、学习方式、体育锻炼地点和时间，甚至于可以让学生自主设定教学目标，充分释放学生体育自主锻炼的能动性。

③高校体育课内外一体化从参与形式，学习方式、文化氛围、生活方式都接近社会体育，贴近家庭和社会生活，对学生终身体育意识、行为、能力的培养有着积极的促进作用。

其次，从增强学校体育管理开放性的角度出发。

①增强管理方式的开放性。学校体育要在管理方式上要注意把握体育课内外一体化教学的一体化特点，通过高校体育向家庭和社会延伸，高度整合学校体育、家庭体育、社会体育的相关性，构建三位一体，学校、家庭、社会协调发展的体育教育网络。同时也要将体育教学、科研、竞赛、训练等要素融入体育管理内容当中去，凸现多位一体的互动管理理念，充分做到开放管理、多位管理。

②增强学生获取知识的开放性。随着时代的发展，学生对于知识的即时性需求越来越高，网络时代碎片化的信息也越来越多。体育课内外一体化教学模式要尽可能地方便学生获取体育教学知识，迎合学生个性化体育锻炼的需要，通过更具开放性的教学方式，满足不同层次、不同类型、不同需求的学生需要。

（3）建立以生为本的评价激励机制

随着我国高校构建的体育课内外一体化教学的发展进程，以往重教法轻学法、教学方式保守以及粗犷型的教学管理思路都亟须改善。高校的体育课内外一体化教学模式在实践过程中应该由以下三个方面进行改革。

①应由重体育教法向重体育学法转变。教法体系一直以来都是以教师为主体的教学体系，新时代要求教学思路越来越注重以学生为主体。注重学法实际上就是给予学生更多的自由，发挥其在教学过程中的能动性。在体育教学过程中的体现就是让其学生进行自主练习、自主测评、自主控制调节、自主分析训练结果。体育教师的作用则主要以一个指导者的身份，提供专业咨询发放有利于提高学生自学的教材，参与学生的自学目标的设定，对其自学计划给予评价和意见，对学生自主体育练习中遇到的问题提供帮助，从而促进学生自主锻炼能力的培养。

②教学方式应由过去的约束型教学为主向开放型教学调整。过去这么年以来，我国高校的体育教学一直存在这样一个问题，即体育教授方式过于形式化、缺乏一定开放性。高校体育课内外一体化教学应该顺应时代的发展，在教学方式上面突出其开放性的特点，重视教育实效、重视整合、重视学生认知上的提升。

③体育教学由粗犷型向细微型转变。随着素质教育思想的推行，体育教学的针对性凸显，因而在评价方式方面应有所改变。以生为本的评价方式是比较能够顺应潮流发展的评价方式。该评价方式是充分尊重学生个性化需求的评价方式，注重过程型评价与结果型评价的有机统一，将个人差异、个人特点、整体表现都纳入评价范围，充分发挥课内外一体化的整体性、包容性的特点。该评价方式可以将学生课外体育的锻炼态度、锻炼表现按照一定的标准量化后计入体育课总成绩，同时将课外成绩评定由"形成型"评价改为"过程型"评价，打破了以往根据《国家体育锻炼标准》评定成绩的"形成型"评价模式。

## （三）"俱乐部型"体育教学模式

### 1.教学思想

"俱乐部式"体育教学模式的重点是培养学生对运动的兴趣和运动能力，

发展学生的个性，从而提高学生的体育活动能力，自主学习和自觉学习能力，提高学生的体育积极性和主动性。学习，培养学生的终身运动能力，重视学生的选择性，满足学生对运动的需求。体育的哲学是发展学生的个性，健康第一和终身体育。"俱乐部式"体育教学模式在国内一些高校中反应强烈，取得了理想的体育教学效果和教学效果。由于其形式多样，内容丰富，教学方式方便灵活等特点，深受大学生和教师的喜爱。

在体育俱乐部中，学生在活动和竞赛中的组织，服务和裁判中扮演不同的角色。在角色转移中，增加了自我学习和自我锻炼的机会，有利于运动骨干的训练，有利于提高学生的能力。效果很好。体育俱乐部主要由学生组织，由学生自己组织。活动的组织形式和内容由学生决定。对于学生来说，"要我锻炼"和"我要锻炼"完全不同。显然，前者是被动的，后者是主动的。体育俱乐部学生学习质量的提高是明显的。

2.应用

研究还指出，由于"俱乐部式"体育教学模式对各种场地和设备条件的要求很高，学生的经济负担有所增加。针对这一问题，对参加俱乐部研究的大学生进行了采访。由此得知，学生对场地和设备感到满意，他们设置的项目基本可以满足健身需求。他们不认同有财务负担。它们通常反映出俱乐部的学习费在可接受的范围内。对学生来说，最大的担忧是他们是否可以延长在俱乐部的学习时间以及是否想学更多。通过参加俱乐部学习，大学生普遍提高了参加体育活动的意识和热情，他们的学习欲望空前高涨。学校应及时开放新项目，完善灵活的课程管理体系，满足学生的学习需求。

从以上分析可以发现，这些类型的教学模式具有自己的风格和优势，但也有其不足之处。根据实施过程中师生的反馈，以及当前教学设施，教学场所，教学设备等的实际情况，可以判断为"俱乐部式""两段式"是当前大学体育模式中的一种。这两种卓越的模式受到大学生的普遍欢迎并具有强大的生命力。从发展的角度来看，这两种模式将成为21世纪我国大学体育的主要模式。

# 第三节　现代高校体育教学模式的科学发展

## 一、把学生身心素质培养放在体育教学改革的核心位置

实现人的全面发展，是建设社会主义新社会的根本要求。如何在人的全面

发展中发挥作用是大学体育教育的时代课题。当前以学生的掌握技能为中心的高校体育教学模式与时代任务相互矛盾，改革势在必行。胡锦涛同志提出的科学发展观，不仅具有统筹我国经济社会发展的总体价值，而且具有指导大学体育教学模式改革的价值。以人为本，以全面、协调、可持续发展的科学发展观为指导，回顾高校体育教育，更新体育观念，建立促进体育教育和身心全面发展的教学模式，是历史使命，也是高校体育教育的必然要求和根本发展途径。

以人为本是科学发展观的核心。就高校体育教育而言，以人为本是培养学生的身心素质。学生的素质包括两个方面：身体素质和心理素质。身体素质是心理素质的基础。就世界地位而言，身体素质比心理素质更重要。毛泽东很久以前就说过："体育一道，配德育与智育，而德智皆寄予此，无体是无德智也。""运动的效果"在于"增强肌肉和骨骼""增强知识"和"坚强的意志"。洛克在《教育论》一书中明确指出："有健康身体才有健康的精神。"这些论述肯定了体育在人们心理素质中的基本地位，同时将心理素质的培养作为体育的更高层次的追求。从身心素质训练的角度高校体育教育有两种模式，突出的问题是：一是将体育中的某些技能与身体素质等同起来，一概而论；二是缺乏有意识地追求体育运动来提高心理素质，忽视了角色体育对学生站立，举止行为的影响，而忽视了整体健身水平的提高当代中国正处于社会转型时期，从大学校园中出现的问题来看，学生的心理素质比体育锻炼更为严重。以全面的身心素质训练为体育的核心，在全面培养学生的身体素质同时，注重心理素质的培养是大学体育教学迫切需要解决的问题。根据中央电视台的报道，有关中国青少年身体健康的最新调查报告显示，在过去 20 年中，青少年的身体健康状况持续下降。湖北省妇幼保健专家王峰指出，造成这种现象的主要原因是当前生活方式的改变，儿童活动的减少以及父母的过度宠爱。应试教育过于注重入学率，学生缺乏运动。高校体育教育必须以人为本，在教学模式下必须注意以下几点问题。

## （一）实施个性化教育

学生的身体素质存在个体差异。为了提高学生的身体素质，促进体育运动中心理素质的培养，首先必须认识到学生身体素质的差异。当前的注册系统扩大了这种差异。这种招生制度是基于学生的高考文化表现作为唯一的招生标准。为了提高高考的入学率，在中学阶段学生的体育锻炼时间被迫减少甚至错过，造成了学生身体素质差异更大的现象，而不是文化差异。但是，在目前以体能标准为核心的体育教育模式中，采用相同的评价标准对待体质不同的学生，严重制约了体育在培养学生身心素质方面的作用。个性化教育的实施要根据每个学生的实际身体状况，对提高身体素质提出不同的要求，关注每个学生的辛勤锻炼成果，并及时鼓励和表扬学生的进步。运动成绩的评价应采用相对评价方法。评估量表基于入学时学生的身体健康状况，反映出学生在运动过程中的进步，从而增强了学生对运动的信心，并确保每个学生的身体素质得到提高。

### （二）实施民主化教学

民主化教育是指在师生合作的基础上，以教师为主导，以学生为主体的现代教育。民主化的教学不仅可以解决教与学之间的矛盾，而且可以创造一个轻松愉快的教育环境。这种环境不仅有助于提高体育教育在培养学生身体素质中的作用，而且有助于体育教育发展心理素质的作用。在教学民主化过程中，教师不能根据自己的想法制定教学计划。他们应该对学生的健身需求有透彻的了解，广泛征求学生对体育的建议，并让他们平等地参与大学体育活动，以使大学体育更具针对性和有效性。

### （三）实施趣味化教学

兴趣是人接受教育的内在驱动力，也是人在实践中获得的意识向内在心理素质转化的通道。增强体育教育的兴趣必须改变课程设置单一，教学手段贫乏的现状，通过形式和手段的创新及变更，使高校体育丰富多彩，以增强学生的新鲜感，吸引学生积极投入到体育教育中。

## 二、采用科学措施推进教学模式改革

可持续发展是科学发展观的重要内容。它是根据人与自然在发展过程中的矛盾提出的。这是实现可持续发展的根本措施。高校体育教学也存在可持续发展问题。它的内涵是科学发展观。对于大学体育而言，可持续发展意味着通过模式的改革，教学适应时代的要求，形成了发展的后劲。因此，必须采取有效措施改革当前的体育教学模式。

### （一）更新体育教育理念

牢固树立身心综合发展新观念，改变传统的教学模式，刻意追求技术运动并取得标准成绩，进行考试教学，盲目使用身高，强度和速度等统一指标，以不同方式对待不同学生，并评价教育效果。树立通过体育运动促进体育身心发展的教育理念；树立高校上下联办体育的大运动观念；树立个性化，民主化，多元化和人文教育的观念，从而改革体育教育模式打下坚实的思想基础。

## （二）加强制度建设

从认知理论上没有关于运动的重要地位的争论，但是从大学体育的实际情况来看并非如此。在当前的大学制度下，高度重视专业技术课程，由于缺乏与学生就业的直接联系，体育教育被排除在外。由于缺乏体育方面严格的、科学的操作标准，目前对大学教学的评估几乎被忽略了。而学生正处在人生的鼎盛时期，需要持续的体育锻炼。为了确保体育运动在学生的整体发展中发挥应有的作用，有必要重新制定体育教学大纲，以丰富体育教育的内容，规范体育教育活动，以解决系统中的问题。从科学发展观的要求出发，从大学体育教育的现实出发。在深入调研的实际基础上，根据身心全面发展的需要，建立具有时代特征的科学的体育管理综合评价体系，切实体现教学效果。建立体育教学的定期响应和通知制度，将体育作为一项定期任务纳入党委的议程是很有必要的。必须建立全校体育教育系统，明确责任的各个方面，并纳入对各方工作绩效的评估，以创建联合管理的局面。

## （三）重视体育科研

高校体育教学模式的改革涉及一系列问题，这些问题已经超越了我们过去形成的体育知识、体育哲学和体育经验。为了正确地指导改革，必须将体育作为一门科学进行真正的研究。落实科学发展观的主题应结合体育教学的实际进展，应从各个方面进行，例如研究科学发展观与大学体育改革之间的关系，改革意义的研究，当代大学生的心理状况研究以及学生身体素质的取向。研究心理素质的转化机制，研究体育质量的科学评价体系，研究体育在实现学生全面发展方面的价值等。通过科学研究找出当前体育模式的弊端，并找出改革的思路和方法。

体育是整个大学教学不可或缺的一部分。体育教学模式改革的进展及其作用与高校整体教学模式的改革息息相关。从这个意义上讲，如果没有大学教学模式改革的成功，体育模型改革就不会成功。但是，大学体育一定不能无所作为，只享受大学模式改革的成果，相反，应该具有侵略性和开拓性。这将不断帮助提高体育教学质量，促进大学整体教学模式的改革。

体育教学模式产生于体育教学整体理论引入教学实践过程当中，它具有促进体育教学理论向实践转化和教学经验总结的功能，而体育教学的理论又来自于教学实践研究的积累。因此，体育教学模式的实践研究就是体育教学整体理论指导实践的研究，它来源于教学实践研究并指导着教学实践活动。

进入 21 世纪，随着基础教育改革的不断深化，我国体育教学模式实证性研究内容在以往基础上有了一定程度的丰富，但也存在一些不足。

从我国大学体育教学模式实证性研究来看：2000 年，胡泓针对体育教学模式改革的背景下提出了"俱乐部制"体育教学模式，并进行实践调查论证了该体育教学模式能够使学生掌握 1 ～ 2 项终身健身的运动项目，增强学生的终身体育意识；2000 年，张新安、彭洪涛等通过健身运动处方教学模式与传统体育教学模式的实验比较研究得知，利用健身运动处方教学模式进行对大学生体育教学实践具有更强的科学性与时效性；2001 年，钱宏颖将成功体育教学模式引入高校健美操教学当中，经过实验证明了该体育教学模式使学生体育意识、运动乐趣与运动能力得到加强；2002 年，彭湃、徐虹利用技术与身体素质同步发展，技术技能为主、身体素质为辅与身体素质为主、技能为辅三种教学模式，对高校男生进行实验研究得知，以身体素质培养为主的教学模式对促进大学男生身体素质健康的效果最好，而效果最差的就是重技术轻身体素质的教学模式；2003 年，张铁雄、蒋炳长等针对大学公共体育课程的现状提出了"俱乐部活动制"体育教学模式，并进行实验研究得知，该教学模式改变了大学与中小学的一贯制教学形式，提高大学生的运动兴趣与终身体育意识等；2004 年，张铁雄、赵刚等针对我国高校体育教学特点的演化特征，提出了"体育超市教学模式"，并经过实验论证得知利用该体育教学模式学生的身体素质、课外活动量等有了明显的提高；2005 年，邓跃宁、李培文等针对我国普通高校体育必修课时下降的现状提出了"学习型公共体育教学模式"，通过实验证明该体育教学模式打破了原来的大、中、小学一贯制教学模式，提高了学生的自主锻炼的能力等；2006 年，杭兰平、王家彬等在高校体育教学过程中运用自主、小群体、发现学习、分层、系统等多种体育教学模式进行实验论证，得知在高校体育教学过程中施行多种教学模式的配合能够有效地实现课程多目标性的特征，并且在篮球课中施行该形式效果显著；2007 年，邓罗平、雷慧等针对我国高校体育教学模式的现状提出"生态体育"教学模式并进行实验论证得知，该体育教学模式摆脱了传统体育课的束缚形成了"人 - 体育 - 自然"的生态模式，有利于提高学生的锻炼意识与身体素质；2008 年，满庆寿提出了"三阶段 - 两形式"体育教学模式，将体育课分为基础、选项和选项辅导三个阶段，并进行实验研究得知该教学模式能够有效调动学生锻炼积极性，实现课内外一体化；2009 年，李松、赵秋菊将快乐体育教学模式引入武术选修课当中，并进行实验研究得知，该教学模式能够提升学生对武术运动的兴趣，提高其锻炼积极性；2011 年，马铮、宋湘勤等利用"合作学习"的体育教学模式来提高大学生的心理健康，并付诸实践；2013 年，马国峰、梁小军在高校健美操教学中引入信息交汇的理论要素，构建了"信息交互反馈教学模式"并通过实验论证了该教学模式在以学生主体性为本的前提下，提高了学生的体育运用能力、创新能力；2017 年，陈静霜对于音乐院校学生特征构建了"柔美教学与 NTC 融合"教学模式，并进行实验论证得出该教学模式有效提高了音乐院校学生身体素质、提升了学生对于体育课的兴趣。

　　综上所述，21 世纪以来我国体育教学模式从学生主体性特征、体育课程教材、运动项目以及传统体育教学模式现状等方面展开了具有实证性的研究，也产生了诸多颇具特色的研究成果，这对促进我国体育教学模式发展具有重要实践意义。但也存在一些不足：①我国体育教学模式实证性研究在整个研究领域中还较薄弱，并且大多数实证研究都是对自成系统的新模式作为实证对象，对一些典型或者通用体育教学模式进行实证的研究还比较匮乏；②我国大学体育教学模式实证性研究大多数是针对于某一范围或者具有明显的适用条件下的研究，涵盖面较窄，这对体育教学模式实践大面积推广带来了一些阻碍。

# 第七章　高校体育教学与体育文化的融合发展

目前，针对体育教学方式和思想做出了很多改变，在体育教学中，不但注重学生身体素质的提升，更关注体育文化的发展，有益于学生文化意识和教学效果的强化。本章分为体育教学与体育文化融合发展的途径、体育教学与体育文化融合发展的案例、体育教学与体育文化融合发展的反思、高校体育文化现代化的发展策略探讨四部分。主要内容包括：营造高校体育教学的良好氛围、培养高校体育教学中学生的主体意识、充实高校体育教学的内容和形式等方面。

## 第一节　体育教学与体育文化融合发展的途径

### 一、营造高校体育教学的良好氛围

校园体育文化是体育教学取得长足发展的养分来源。校园体育文化的丰富和乐趣性有助于体育活动成为学生们欢迎的文化活动，同时还能够促进学生潜能的发挥、能力的发展以及文化素养的提升，并且还承载着学生从"自然人"向"社会人"转变的重要任务。高校的体育文化生活为学生精神世界的构造和丰富提供了广阔的舞台。拥有浓厚体育文化的校园，是充满活力的校园，是具有优良文化底蕴的校园。公平、团结、自强、自信、健康向上的体育精神在体育文化中得以滋养和传播，它能够以其特有的魅力对学生的课堂生活和课余生活起到潜移默化的影响。体育文化是校园文化中参与人数最多、辐射范围最广、持续时间最长、对人的影响极其深远的文化活动。无论是高校师生还是教学本身，都能受到体育文化环境的影响，通过从文化环境中吸取养分，潜移默化，收受熏陶，可以实现不断地追求卓越。

校园体育文化以无声无息、无踪无影的方式影响师生的心理，进而影响体育教学的方式和效果。它是潜移默化、耳濡目染的，是具有暗示性和渗透性的。一方面，它以教师教、学生学的课堂教育形式，为学生们学习体育知识、技术和技能提供了良好的浓厚的外部氛围。通过切实可感的体育运动、严密有效的体育规则、规范的体育动作以及结合生命科学产生的体育指导，使参与者感受到体育运动给身体带来的无限变化，从而从内心深处接受校园体育文化的引导和熏陶，并逐渐内化为自身的潜意识的言行。另一方面，校园内的体育文化通过课余的体育活动对改善校园人的知识结构、促进身心健康发展起着不可估量的作用。由于体育文化自身的特点往往能够营造一种亲密无间、彼此信任的心理气氛，达到一种以集体荣誉为共同目标的价值取向，形成共同的道德标准和团队的统一信念。在体育文化的氛围和为共同目标努力奋斗的激励效应下，教师和学生会自觉地产生集体荣誉感，并形成强烈的责任感和使命感，任何人都会为了达成目标贡献一己之力，并且在体育教学过程中由于集体的力量、公正平等的精神，产生激励和进取向上的教育力量。让师生们在达成体育教学的目标的同时，感受和发扬人文精神，在追求真知的道路上勇敢探索。

## 二、培养高校体育教学中学生的主体意识

当今时代要求高校培养出全方位发展的、富有自主精神的具有创造力的人才，高等教育要在培养学生的自主意识方面做出更大的努力。主体主要是指对象性活动的承担者和发起人，而客体是对象性活动的受动者和接收人。学生的主体意识是在教育活动中，学生应该在教师的引导下完成任务和发挥作用，具体表现为自主性、能动性和创造性。学生的主体意识的发挥是教育的核心，是素质教育的基本要求。高校大学生在教学活动中的自主性：其一，表现在应该具有独立的、不轻易受他人影响的、坚定的自我意识，并且通过教师的启发和引导，能够自主探索提升自身能力的途径；其二，大学生在接受教育的过程中，应该充分认识到自身的能力，对学习活动进行自我调节和控制，充分发挥自身潜力和主观能动性。

然而，学校体育教育的中心目的仍然是增强学生体质，促进学生身心健康发展。只靠体育教育的时间来达到这目标是不可能实现的。因此，我们必须依靠校园体育文化的传播和熏陶来提高他们的认知水平，增强体育锻炼的基本的体育技术技能训练的意识，进行自主和独立学习的能力，最终让学生养成终身体育意识的良好习惯。

体育文化建设的过程本身包含着许多激发学生的体育兴趣，培养学生参与体育锻炼的自觉性的活动。体育文化建设常常采用竞赛的方式，鼓励学生们主动参与。体育竞赛作为体育教学中非常常用的教学方式，是强化和提高学生主

体性的体育意识最具活力、参与范围极广且广受学生们欢迎的方式，它能快速有效激发学生群体的上进心、竞争意识和集体荣誉感，让学生发挥自我能动性进而赢得比赛，还能培养学生的集体主义思想观念，在为争取集体荣誉时收获个人荣誉。如在冬季体育教学中，可组织不同范围的拔河比赛，小范围的组与组之间、大范围的班与班之间，能够吸引大多数学生的积极参与，并且随着现代体育运动的多样化，在组织这类活动中，还有学生可以负责啦啦操评比，使其他学生在参与和观看比赛过程中，充满趣味性和参与感，并且大家一起出谋划策，为赢得比赛贡献力量。再者，体育文化建设鼓励多样化、丰富化的体育教学活动，这也能极大促进学生主体性的发挥。如在体育课程的设置中，有满足男生喜欢竞赛性强的项目，如足球、篮球；而体育课程设置如体育舞蹈、体操或是羽毛球等课程，是为了满足女生的喜好，充分尊重了学生主体意识。此外，体育文化建设鼓励体育教学以多种方式、新颖的手段开展，从而挖掘学生的运动潜力。体育文化建设促进着教学中采取各种措施以满足学生独特的、根据自身特质产生的合理要求，增强体育学习的兴趣，充分发挥他们的主体地位。

## 三、充实高校体育教学的内容和形式

高校的体育文化建设需要丰富多彩、类型多样的体育活动作为支撑，如运动会、体育节、社团建设等，改善了其他教学模式和传统的体育教学模式中单一、枯燥的特点。这些新颖多样的校园体育文化活动，调节了紧张的学习压力，丰富了学生的校园生活，为学生的校园生活充当了增色剂的作用。在全面建设体育文化的背景下的体育教学任务的开展要求各高校以体育专业内涵发展为主线，结合社会对人才培养的需求，搭建了综合性的知识结构合理化的课程体系。新时代的体育教学课程提出了许多的高要求，如通过创新教学方法、鼓励教师从事相关教学研究工作，使学生的探索意识、创新意识和能力在多元化的教学方式中得以激发和挖掘。另外，教学的组织模式也可以综合创新，如小群体教学法、互动式教学法及合作教学模式等的发展及结合。在理论性的体育教学活动中采用统一的上课方式加上多媒体教学，给学生以生动、直观的印象。在体育技能课中穿插理论教学，在实际过程中切实运用到理论知识。体育文化的有效建设要求体育教育的内容和形式具有良好的口碑和传播效应。要满足广泛传播性，体育教育将教学地点从校内延伸到校外，将人才培养与学科专业特色发展相结合、将统一的要求与个性发展相结合，能够探索出宽口径的创新型人才培养模式，实现人才培养的个性强化，同时又能够有效适应社会。高校体育教学的形式越多，必然越会引起学生的兴趣，增加学生的参与程度，激发学生的创造力。现代社会文化事业繁荣发展，不少学生都会在课外选择到健身房、舞蹈室或是其他类型的体育运动工作室参加体育锻炼。因为课外的体育活动往往更具趣味性和多样性。这说明在体育文化繁荣发展的今天，高校的体育教学的形式也应该更加贴近学生的实际需求，更加反应学生们的多样化的需求，才能不被课外的具有商业性质的体育活动所取代。因此，在建设体育文化口号的大力倡导下，学校不仅出于文化建设的主体性地位，更出于被动面临竞争的紧迫性，为了提高参与的广泛性、增强体育教学的效果，应该努力建设更多的诸如体育俱乐部、体育社团、体育文化节等类似的具有活力的体育文化形式。

### 四、促进高校体育教学文化理念的更新

先进的文化理念是推动经济发展和社会进步的重要因素之一。正如党的第十九大报告所说，没有高度的文化自信和文化繁荣，中华民族就没有伟大复兴。体育文化建设的繁荣昌盛需要体育教学体现时代气息和旺盛的生命力。在大力发展体育文化的宗旨下，体育教学内容应该以理论与技术相结合，基础理论和运动技术齐头并进，才能使运动技术的提升有科学的指导，而基础理论的发展有应用之处，强调学生综合能力的培养，凸显学生人文知识素养和创新意识的重要性。新时代下的体育教学观应该以人文知识教育为主要内容，增加体育技术的历史发展沿革、人文精神内涵的相关知识；培养学生正确运用各种运动的基础理论知识进行创新，创造性地使用锻炼身体、增强体质的手段与方法。

## 第二节　体育教学与体育文化融合发展的案例

### 一、湖南省普通高校体育教学中体育物质文化建设的现状

衡量一所高校体育教学中体育物质文化建设能力的重要指标就是体育场所、设施、教学所用资料及工具等的提供情况，以及体育教师和学生对基本设施和工具的满意度，这些物质基础是高校体育教学得以顺利开展，并体现体育物质文化建设的最直观的反应。体育场馆、体育设施、运动器材以及所用辅助资料和工具是学校体育教学的基本物质条件，是学生的校园体育文化生活的基础设施。

## （一）对体育场馆使用的调查

在体育教学过程中，对体育场所的使用达到满意的教师比例是 55%，学生为 54.06%，但是在学生群体中，对体育场馆不满意的比例约达到 24%，说明学生们对体育场馆的使用拥有更高的期望值。近几年，为适应社会的发展需求，许多高校进行了整合及扩招，使得高校的师生人数大幅增加，而体育场馆的建设加大建设的力度，能够基本满足需求。许多高校在扩建校区时往往会考虑体育场馆的建设用地。目前部分已投入使用或一大批正在建设的体育场馆意味着在体育教学中体育场馆是能够满足基本需求的（表 7-1）。在近几年我国大力推行体育强国的政策引导下，体育物质文化建设得到了显著发展。

表 7-1　体育场馆能否满足体育教学要求的调查表

| | 教师<br>选择次数 | 教师选择<br>百分比 | 学生<br>选择次数 | 学生选择<br>百分比 |
|---|---|---|---|---|
| 非常满意 | 4 | 5% | 25 | 4.61% |
| 比较满意 | 40 | 50% | 268 | 49.45% |
| 一般 | 24 | 30% | 118 | 21.77% |
| 比较不满意 | 4 | 5% | 118 | 21.77% |
| 非常不满意 | 4 | 5% | 13 | 2.4% |

## （二）对运动器材使用的调查

如表 7-2 所示，相对于师生对体育场馆使用的较高满意度，师生对体育教学过程中运动器材提供的数量和质量的满意度较低。由此可见，体育物质文化建设不仅要注重客观的体育财富的积累，还应该让体育物质财富满足和贴合人们的需求，真正发挥体育物质文化应有的意义。

表 7-2　体育教学中对运动器材满意度的调查表

| | 对数量的满意度 | | | | 对质量的满意度 | | | |
|---|---|---|---|---|---|---|---|---|
| | 教师<br>次数 | 教师<br>百分比 | 学生<br>次数 | 学生<br>百分比 | 教师<br>次数 | 教师<br>百分比 | 学生<br>次数 | 学生<br>百分比 |
| 非常满意 | 4 | 5% | 37 | 6.9% | 0 | 0 | 31 | 5.75% |
| 比较满意 | 20 | 25% | 125 | 22.99% | 32 | 40% | 125 | 22.99% |
| 一般 | 28 | 35% | 243 | 44.83% | 36 | 45% | 305 | 56.32% |
| 较不满意 | 28 | 35% | 118 | 21.84% | 12 | 15% | 81 | 14.94% |
| 非常不满意 | 0 | 0% | 19 | 3.15% | 0 | 0% | 0 | 0% |

### （三）对图书、音像资料以及多媒体工具使用的调查

表 7-3 和表 7-4 是师生对体育教学中图书、音像资料以及多媒体工具使用的满意度调查情况。如表 7-3 所示，教师对体育教学中图书资料的运用满意度有 65％的比例是未能达到满意的，而学生中图书资料的运用未能达到满意的比例达到 63.22％。如表 7-4 所示，教师对体育教学中多媒体工具的运用满意度有 70％的比例是未能达到满意的，而学生中多媒体工具的运用未能达到满意的比例达到 60.92％。

表 7-3　体育教学中图书音像资料使用满意度的调查表

|  | 教师 | 教师选择 | 学生 | 学生选择 |
|---|---|---|---|---|
|  | 选择次数 | 百分比 | 选择次数 | 百分比 |
| 非常满意 | 4 | 5% | 37 | 6.9% |
| 比较满意 | 24 | 30% | 162 | 29.89% |
| 一般 | 32 | 40% | 223 | 41.13% |
| 比较不满意 | 20 | 25% | 107 | 19.79% |
| 非常不满意 | 0 | 0% | 12 | 2.3% |

表 7-4　体育教学中多媒体工具使用满意度的调查表

|  | 教师 | 教师选择 | 学生 | 学生选择 |
|---|---|---|---|---|
|  | 选择次数 | 百分比 | 选择次数 | 百分比 |
| 非常满意 | 0 | 0% | 56 | 10.34% |
| 比较满意 | 24 | 30% | 156 | 28.74% |
| 一般 | 36 | 45% | 224 | 41.38% |
| 比较不满意 | 16 | 20% | 87 | 16.09% |
| 非常不满意 | 4 | 5% | 19 | 3.45% |

## 二、湖南省普通高校体育教学中体育精神文化建设的现状

### （一）学生对体育教学的价值认知的调查分析

随着教育改革的不断深入，高校的体育教学及体育精神文化建设方面也发生了巨大的改变。当前高校的体育功能从以前简单追求体育技能的发展以及身体素质的提高转变为以健康、快乐为理念的教育方式。通过调查研究发现高校学生对体育教学的价值理解已经提升到了一个较高的层次。近年来，随着社会经济的快速发展，大学生的身体和心理健康问题已经成为高校教育关注的焦点。通过与部分高校体育教师或负责校园体育文化建设的指导老师的深度访谈中可知，近年来，通过组织多样化的体育教学活动，全面普及体育知识以及科学的健康知识，学生们已逐渐对体育教学形成正确的认识和健康的理解。对体育教

学的价值认知是师生对体育教学在健身、心理素质培养、娱乐、道德培养以及智商培养方面的价值认知，是师生认为体育教学活动开展的最重要的目标和能够实现的功能。在体育教学过程中，良好的体育价值观念起着主要的激励和引导作用。从表7-5我们可以发现，60.52%的学生看重体育教学的健身价值，而对体育教学在心理素质培养、娱乐、道德培养以及智商培养方面的价值认知程度不高。由此可见，大多数的学生对体育教学的意识还停留在以前传统的锻炼健身的层面上，而对于体育与生活、工作的深远影响认知不够，体育精神文化建设需要进行深度发展。健身这一表面价值是体育教学的显性特征，对此学生能够自然地产生积极的看法。然而，体育教学应该且能够在心理素质培养、道德培养以及智商培养方面产生重要作用，这些隐性的深层次的价值只有小部分的学生能够认知到。以上数据告诉我们，体育教学中的体育精神文化建设是不够的。现阶段体育精神文化建设在体育教学中的体现仅仅停留在原生层面，保持着传统的对体育教学活动的认知，这将在很大程度上限制校园体育精神文化的发展和繁荣。体育教学忽视对人的社会属性的培养。高校体育教学偏重技术性，重视身体机能的提升，忽视了体育教学中的体育文化的渲染是可以提升学生的意志、道德以及其他社会人属性的培养。

表7-5　学生对体育教学的价值认知调查表

|  | 健身价值 | 心理素质培养价值 | 娱乐价值 | 道德培养价值 | 智商培养价值 |
|---|---|---|---|---|---|
| 人数 | 328 | 66 | 88 | 24 | 36 |
| 所占比例 | 60.52% | 12.18% | 16.24% | 4.43% | 6.64% |

从表7-6和表7-7所知，体育教学主要对学生在协作精神以及纪律精神上具有较大的促进作用，对学生在集体主义和责任感这两项道德方面具有提升作用。通过参与体育教学过程，学生们在集体协作和秩序感方面会表现更好。这对于学生们进入职场乃至社会具有重要的意义。尤其在现代社会，大多数学生拥有强烈的自我意识，并以个人意志为中心。通过体育教学这一集体协作的活动，团队为集体目标付出努力，并共同承担所有的荣辱。学生们会在进入职场后，展现出更好的合作技能以及更高的组织忠诚度。

表7-6　体育教学对学生的精神提升作用的调查表

|  | 协作精神 | 竞争精神 | 意志精神 | 创新精神 | 纪律精神 |
|---|---|---|---|---|---|
| 人数 | 250 | 66 | 35 | 23 | 168 |
| 所占比例 | 46.13% | 12.18% | 6.46% | 4.24% | 31% |

表7-7　体育教学对学生的道德提升作用的调查表

|  | 集体主义 | 公平主义 | 责任感 | 组织纪律性 | 功利主义 |
|---|---|---|---|---|---|
| 人数 | 282 | 22 | 114 | 77 | 47 |
| 所占比例 | 52.03% | 4.06% | 21.03% | 14.21% | 8.67% |

## （二）学生在对体育教学中知识获取的调查

学生在体育教学中所获得的知识是体育精神文化建设成果最直观的反映。体育教学过程中教师所传授的知识包括技能知识、娱乐健身知识和体育理论知识。知识是前人对在实践中所获取的认识和经验的提炼和总结，是珍贵的精神资产，是文化的重要元素。体育技能知识包含了基本技术技能、体育运动的方法等知识，是体育教学传统的、最重要的组成部分。体育理论知识包括了体育锻炼的学科基础、体育的功能、身体素质与健康、现代生活与体育这些方面的理论知识。娱乐健身知识是对体育运动功能的拓展，是体育运动在新时代下满足人们的需求而延伸出来的价值。通过学习体育娱乐健身知识，体育运动可以真正实现与人们的生活和工作的结合，在强身健体的基础上为人们的生活带来乐趣。体育教学过程需要对体育知识进行全方位的学习，让学生们充分理解体育运动的价值，加深对体育价值的认识，并且有利于加深学校、教师与学生三方之间的理解和沟通，帮助学生形成良好的体育理念，提高学生的体育素养水平，促进校园体育文化的发展与繁荣。

如表7-8所示，体育教学中教师传授的知识以技能知识和娱乐健身的结合为主，达到51.66%。其次为单一的技能知识传授，占比26.38%。技能知识、娱乐健身知识与理论知识结合的体育教学活动只占到3.32%的比例。这反应在现阶段，我国高校体育教学建设以技能训练为主，忽视了能够有效促进体育文化发展的体育理论知识在育人中的重要性。由此可见，我国高校体育教学建设中存在着的文化缺失现象。缺乏理论根基和情感文化。体育理论和文化的影响作用是非常大的，它可以激发出学生的情感和内在动力，从而将身体发挥到极致。但我国高校体育教学建设弱化了理论引导，其中包括对生理知识、体育运动与身体健康的关系等，一味地只是机械化教学，学生不明白体育技能训练的真正意义。

体育教学活动中，体育技能知识是最重要的组成部分，也是所有教师在进行教学活动设计时最优先考虑的。为了增加教学活动的趣味性，体育教师也会考虑将一些简单易于操作的娱乐型的体育运动以及技能传授给学生，吸引学生可以在体育教学之外的时间充分运用起所学知识。但是，对于体育理论知识的传授，一直以来都是短缺的。这可能是由于：①传统因素，体育教学活动一直以来都忽略了体育理论知识的学习。②体育教师本身的理论素养不够。③理论知识的学习是乏味的、相对枯燥的，无法引起学生的兴趣。然而，体育理论知识的学习是体育精神文化得以弘扬和发展的坚实基础。只有在教师重视体育理论知识，学生乐于理论知识的学习，体育精神文化才有了其发展的文化底蕴，才有了在新时代进行文化的延续和创新的基石。

表 7-8　体育教学中教师所授知识类型的调查表

|  | 人数 | 所占比例 |
| --- | --- | --- |
| 技能知识 + 娱乐健身知识 + 理论知识 | 18 | 3.32% |
| 技能知识 + 娱乐健身知识 | 280 | 51.66% |
| 娱乐健身知识 + 理论知识 | 28 | 5.17% |
| 技能知识 + 理论知识 | 39 | 7.2% |
| 技能知识 | 143 | 26.38% |
| 健身娱乐知识 | 34 | 6.27% |
| 理论知识 | 0 | 0% |

## （三）体育教学中体育课程设置的调查

体育课程的设置是根据高校大学生的身体机能特点，以身体运动练习为主要的方式，并结合科学的锻炼方法和体育教学指导，让大学生能够提高身体素质和体育文化素养的一种体育教学形式。学校体育教学包含了体育课程、课外体育锻炼、体育训练、运动竞赛等形式，体育课程作为体育教学中的最基础的组织形式之一，又是学校所有课程体系中的一个重要分支，是学校教学工作有机组成部分，为大学生完成其他课程提供了有力支撑，是推动素质教育发展和培养全面发展的人才的必由之路。

通过合理的体育课程设置，能够科学安排整个体育教育的结构、内容和过程，传授给学生科学的锻炼身体的方法，使学生更有体系化、更有依据性地进行体育锻炼，往往这种体系化的教育能够提升今后日常锻炼的持续性，使学生们养成体育锻炼的习惯。

如表 7-9 和表 7-10 所示，随着教育观念的转变以及教学改革的深化，高校体育课程的时间得到了充分的保障，75.28% 的学生指出体育课程从未被其他课程占用 60.89% 的学生指出其高校的体育课程开设时间达到两年，更有21.03% 的学生所在高校的体育课程开设时间超过两年。这是我国深化教学改革，大力弘扬体育精神文化的必要成果，这又反过来促进了体育精神文化的深入发展。

表 7-9　体育课程被其他课程占用的调查表

|  | 经常占用 | 偶尔占用 | 从未占用 |
|---|---|---|---|
| 人数 | 28 | 106 | 408 |
| 所占比例 | 5.17% | 19.56% | 75.28% |

表 7-10　体育课程开课年限的调查表

|  | 半年 | 一年 | 一年半 | 两年 | 两年以上 |
|---|---|---|---|---|---|
| 人数 | 28 | 48 | 22 | 330 | 114 |
| 所占比例 | 5.17% | 8.86% | 4.06% | 60.89% | 21.03% |

如表 7-11 所示，高校体育教学中体育课程以必修课为主，选修课和保健课的所占比例较低。如表 7-12 所示，体育课程所涉体育项目多达 11 种有余。并且，经过调查发现，高校的体育教学中 94.25% 有体育课教学大纲和教学计划，83.91% 的学生指出体育教学过程是有体育教材的。

表 7-11　体育课程类型的调查表

|  | 基础课/必修课 | 选修课 | 保健课 |
|---|---|---|---|
| 人数 | 462 | 56 | 24 |
| 所占比例 | 85.24% | 10.33% | 4.43% |

表 7-12　体育课程所涉体育项目的调查表（$n$=7267）

| 项目 | 被选次数 | 所占比例 |
|---|---|---|
| 田径 | 828 | 11.39% |
| 篮球 | 832 | 11.45% |
| 乒乓球 | 765 | 10.53% |
| 网球 | 812 | 11.17% |
| 排球 | 725 | 9.98% |
| 健美操 | 596 | 8.2% |
| 足球 | 573 | 7.88% |
| 跆拳道 | 439 | 6.04% |
| 体操 | 432 | 5.94% |
| 羽毛球 | 387 | 5.33% |
| 武术 | 381 | 5.24% |
| 游泳 | 305 | 4.2% |
| 瑜伽 | 125 | 1.72% |
| 其他 | 67 | 0.92% |

随着当今网络科技的日益成熟，学生们接受知识的方式也日趋多元。如表7-13所示，45.98%的学生接受到的是传统的接受式教学法，这说明几乎一半的老师仍然采用这种传统的单一信息传递的教学方式。让人欣慰的是，越来越多的教师在尝试采用多种教学法，如启发式教学法占到了29.89%，而发现式教学法占到14.94%。这些互动式教学方法的采用能够使课堂活泼生动，给学生更多的自主性，并给学生留下深刻印象，这些方法为体育文化的建设留下了许多的可供进步的空间和渠道。体育教师应该更加主动地强化和提升自己，并改进教学方法和模式。

表 7-13　体育教师在体育教学中采用的方法的调查表

|  | 接受教学法 | 发现教学法 | 启发教学法 | 游戏教学法 |
|---|---|---|---|---|
| 人数 | 249 | 81 | 162 | 50 |
| 所占比例 | 45.98% | 14.94% | 29.89% | 9.2% |

## （四）其他形式的体育教学活动的调查

调查发现，现代高校的学生除了体育教学课程以外，还拥有多样化的活动形式。体育教学课外活动的形式以培训班、体育社团以及运动队为主。其中，以培训班的形式参加各类课外的、业余的体育运动占比最大。如今，课外的由师生自发组织的体育培训班趣味性较强，且选择多，深受学生们的喜爱。同时，学生们可以根据自己喜欢的项目、自己弹性的时间参与这种小规模的体育培训，更好地接受专业的、一对一的指导。然而，值得注意的是，15.13%的学生指出并未参加任何形式的体育教学课外活动。这说明仍然有一部分的学生缺少体育锻炼意识，未能在生活中培养起参与体育锻炼的兴趣。在当今网络科技高度发达的时期，只能通过体育精神文化的熏陶，才能在无形中影响学生的意识，让他们积极参与到多种形式的课外体育教学活动。

表 7-14　体育教学课外活动形式的调查表

|  | 被选次数 | 所占比例 |
|---|---|---|
| 体育文化节 | 6 | 1.11% |
| 培训班 | 287 | 52.95% |
| 运动队 | 54 | 9.96% |
| 体育社团 | 93 | 17.16% |
| 其他 | 20 | 3.69% |
| 未开展 | 82 | 15.13% |

（五）教师在体育教学中促进体育文化建设的调查分析

高校体育教学活动中的体育文化建设事业需要依靠作为教师借助显性载体，如体育课堂、体育课外活动、体育运动竞赛等，以及隐形载体，如体育教师的人格魅力、师生的关系等来影响学生，从而推动体育文化的传播并扩大其影响力。

1. 教师的综合能力

高校教师作为体育教学的主要设计者与实施者，其综合能力的高低以及自身文化素养的水平会直接影响体育教学的效果以及对体育文化建设的作用。高校教师在体育教学课堂的能力是首先应该考虑的能力指标。如表 7-15 所示，学生们对体育教师在教学过程中的处理教材与设计教学的评价并不高。如上文调查的结果，虽然大部分的学生指出体育教学过程中有体育教材，但体育教材在课堂中的利用程度并不高，因此导致学生们对教师处理教材和设计教学的能力没有深切的感受，从而导致该项能力指标评分较低。在课堂教学实施与应变这一指标上，学生们的评价较高，77.86％的学生认为体育教师的实施与应变能力表现不凡。体育教学过程是一个动态的、充满变化和意外的过程，这对体育教师在这一方面的能力本身具有较高要求。课堂教学实施与应变能力的较高水平是体育课堂顺利开展、学生们与教师充分互动、教师展现个人风采和影响力的保障，也是体育文化得以发展的必要要求。学生们对教师在指导、辅助学生与转变差生方面的评价也较高，说明在体育教学过程中教师们与学生提高了互动的频率，对学生给予了耐心的指导。教师是一面旗帜，反映了体育文化建设的水平，同时，教师就像体育文化建设的"宣传大使"和"形象代言人"，将体育文化建设的重要性和建设方式通过指导、辅助学生的方式深深烙在了学生的心上。在教学研究与教学科研这一项指标上，学生们可能由于对教师的科研能力不甚了解，因此评价未能反映出真实的情况。

表 7-15 对体育教师在体育教学过程中的能力评价的调查表

| | 非常高 | 较高 | 一般 | 较低 | 非常低 |
|---|---|---|---|---|---|
| 处理教材与设计教学 | 20.66％ | 10.33％ | 25.09％ | 42.62％ | 1.29％ |
| 课堂教学实施与应变 | 30.81％ | 47.05％ | 11.99％ | 9.96％ | 0.18％ |
| 指导、辅助学生与转变差生 | 29.89％ | 40.96％ | 19.56％ | 6.27％ | 3.32％ |
| 教学研究与教学科研 | 5.72％ | 16.79％ | 52.95％ | 9.78％ | 14.76％ |

体育教师除了在体育教学活动中的能力表现，体育教师还包含了其他许多指标，可以直接反映出一个校园的校园文化和精神风貌。因此，从体育教师对理论知识的掌握程度的评价可以直接看出校园体育文化建设的水平，还能够折射出整个校园的思想道德水平。如表 7-16 所示，体育教师对体育学科的基础知识、学科较高层次的知识、学科教学的知识的掌握较为全面，但是在学科实践与创新能力、体育专项技术与理论方面的知识掌握较为一般。

表 7-16　体育教师对教育理论知识掌握情况的调查表

| | 很全面 | 比较全面 | 一般 | 不太全面 | 很欠缺 |
|---|---|---|---|---|---|
| 学科基础知识 | 37.93% | 47.13% | 13.79% | 1.15% | 0% |
| 学科较高层次知识 | 35.63% | 49.43% | 12.64% | 2.3% | 0% |
| 学科教学 | 34.48% | 49.43% | 13.79% | 1.15% | 1.15% |
| 学科实践与创新能力 | 33.33% | 33.68% | 20.69% | 10.15% | 1.15% |
| 体育专项运动技术与理论 | 27.93% | 41.38% | 16.09% | 13.45% | 1.15% |

体育教师在体育教学过程中的创新能力能够有效调动学生的积极性，提高学生的参与度。通过与学生一起进行具有创造性的体育教学活动，体育文化得到了最大程度的继承和发扬。本研究主要对体育教师在教法、场地规划以及器材管理上的创新能力进行了调查，发现学生们对教师在这些方面的表现皆不尽满意。

表 7-17　体育教师在教学创新能力的调查表

| | 非常高 | 较高 | 一般 | 较低 | 非常低 |
|---|---|---|---|---|---|
| 教法创新 | 6.79% | 41.38% | 41.38% | 8.15% | 2.3% |
| 场地规划 | 7.09% | 47.13% | 34.48% | 11.3% | 0% |
| 器材创新 | 8.74% | 22.99% | 45.98% | 21.15% | 1.15% |

### 2. 教师的教学态度和方法

如上文所述，教师在体育教学过程中所采用的方法，45.98% 是传统的接受式教学法，还有教师结合了启发式教学法和发现式教学法。这种多元化的教学方法能够让教学过程更加愉悦，教学氛围更加轻松，教学效果更加理想。本研究还对教师在教学过程中的教学态度进行了调查，如表 7-18 所示，体育教师在教学过程中所展现的责任心普遍较高，达到 77.68%，只有 4.79% 的学生认为教师的责任心不够，说明体育教师能够完成本职工作，对自己的事业负起责任。然而教师在热情和主动性方面的得分较之责任心降低了许多，认为教师主动性的态度较高的学生占比 51.11%，说明教师在体育教学过程中应该更加投入，将对体育和教学的热情展现出来，感染学生。体育教师在互动和包容性这一项得分最低，说明教师与学生的沟通不够，缺乏教师应有的包容和接纳的态度。

表 7-18　体育教师的教学态度的调查表

|  | 非常高 | 较高 | 一般 | 较低 | 非常低 |
|---|---|---|---|---|---|
| 尽职和责任心 | 33.58% | 44.1% | 17.53% | 4.24% | 0.55% |
| 热情和主动性 | 20.3% | 30.81% | 41.33% | 5.9% | 1.66% |
| 互动和包容性 | 14.02% | 31.73% | 39.11% | 12.92% | 2.21% |

3. 教师对学生的影响力

体育教师在贯彻党组织所推行的教育方针地过程中十分重要的一个环节是培养符合社会要求的、能够全面发展的、促进社会主义事业建设的人才。体育教师对学生们的影响不单单体现在体育教学过程中自身的知识结构、自身的教学能力，还取决于教师对学生施加影响的范围和程度，这对体育文化建设的作用是无形却强烈的。如表 7-19 所示，体育教师在学生课外体育活动中的参与度非常低，将与学生共同参与体育活动的频率维持在较高水平的教师只占到 22.51% 的比例。这说明普遍教师忽视了通过与学生共同参加体育活动来实现有效沟通、了解学生心声和传达体育文化的作用。

表 7-19　体育教师参与学生体育活动的频率的调查表

|  | 非常高 | 较高 | 一般 | 较低 | 非常低 |
|---|---|---|---|---|---|
| 人数 | 31 | 91 | 112 | 153 | 155 |
| 比例 | 5.72% | 16.79% | 20.66% | 28.60% | 28.6% |

但是，经过调查研究显示，学生们认为体育教师对其个性和品质的发展影响重大。如表 7-20 的数据表明，体育教师在学生们心中占据了重要的地位，这很令人欣慰。学生们认为体育教师能够在很大程度上影响自己的个性发展和品质提升，学生们对体育教师抱有较高的期望。但是，如上文所述，体育教师却未能重视自身的重要作用，未能发挥起个人自身魅力和品质对学生的引导和影响作用。

表 7-20　体育教师的个性和品质对学生的影响的调查表

|  | 非常高 | 较高 | 一般 | 较低 | 非常低 |
|---|---|---|---|---|---|
| 人数 | 132 | 212 | 136 | 44 | 18 |
| 比例 | 24.35% | 39.11% | 25.09% | 8.12% | 3.32% |

## 三、湖南省普通高校体育教学中体育制度文化建设的现状

体育制度是体育活动的行为准则。高校体育文化属于体育系统中的一部分，而组织、规范校园体育行为的制度，是学校、教师和学生在进行、参与和组织校园体育活动过程中都应该遵循的。同时，不同学校的体育制度反映了不同学校体育价值观念、体育精神和体育文化。

由于学生可能对高校体育教学过程中拥有的体育制度不甚了解，因此，本研究以高校体育教师为调查对象，着重调查了针对体育教师的考评制度以及目前正在实施的体育制度类型。

### （一）现行体育制度概况的调查

如表 7-21 所示，在湖南省高校中广泛实施的体育规章制度包括了体育教师奖惩制度、体育教学管理制度、体育场馆管理规章制度、体育图书音像制品管理制度、体育器材管理制度、体育教学管理制度、体育运动竞赛管理制度以及体育文化校园规范。但是这其中采用体育图书音像制品管理制度和运动员守则的高校范围略微偏低。根据教师们的反映，这些规章制度在学校和师生中得到了较好的执行。

表 7-21　体育教学拥有的规章制度的调查表（n=540）

|  | 被选次数 | 所占比例 |
|---|---|---|
| 体育教师奖罚制度 | 68 | 85% |
| 体育教学管理制度 | 76 | 95% |
| 体育场馆管理规章制度 | 60 | 75% |
| 体育图书音像制品管理制度 | 24 | 30% |
| 体育器材管理制度 | 48 | 60% |
| 体育教学管理制度 | 40 | 50% |
| 体育运动竞赛管理制度 | 56 | 70% |
| 体育文化校园规范 | 32 | 40% |
| 国家体育锻炼标准 | 68 | 85% |
| 学生体质监测管理守则 | 64 | 80% |
| 其他 | 4 | 5% |

## （二）针对体育教师的制度建设的调查分析

根据调查结果显示，95％的高校对所在的学校的体育教师按学期进行评价，评价的形式包括学生考评、自评以及上级考评。对教师的考评内容包括了教案、教学计划、完成教学任务、教学水平、教学方法、职业道德、教学专业知识以及文化素养多个方面，具体情况如表 7-20 所示。同时，75％的教师反应，这些考评的结果直接与绩效工资挂钩。

表 7-22　对体育教师工作考评内容的调查表（n=504）

| | 被选次数 | 所占比例 |
|---|---|---|
| 教案 | 76 | 95％ |
| 教学计划 | 60 | 75％ |
| 完成教学任务 | 76 | 95％ |
| 教学水平 | 68 | 85％ |
| 教学方法 | 60 | 75％ |
| 职业道德 | 56 | 70％ |
| 教学专业知识 | 56 | 70％ |
| 文化素养 | 52 | 65％ |

## （三）针对体育教学的制度建设的调查分析

本研究还对体育教学过程中的体育制度进行了调查，根据数据显示拥有30％的高校将《2011年体育与健康课程标准》作为体育教学纲要，70％的高校根据学校和学生的实际情况自行编制体育教学大纲。90％的教师会制订全年的教学计划，80％的教师制订学期的教学计划，55％的教师会制订单元教学计划，60％的教师会制订课时教学计划。但是，通过与体育专家的访谈发现，体育教学过程往往难以完成既定的教学计划。教学计划的编写还需更加具体化和全面化，使教学活动能够真正按照教学计划的流程执行，收到预期的效果。

表 7-23　对体育教学的制度建设的调查分析

| | 被选次数 | 所占比例 |
|---|---|---|
| 以《2011年体育与健康课程标准》为体育教学大纲 | 24 | 30％ |
| 自行编制体育教学大纲 | 56 | 70％ |
| 拥有年度教学计划 | 72 | 90％ |
| 拥有学期教学计划 | 64 | 80％ |
| 拥有单元教学计划 | 44 | 55％ |
| 拥有课时教学计划 | 48 | 60％ |

# 第三节 体育教学与体育文化融合发展的反思

## 一、普通高校体育教学中体育文化建设的缺失

### （一）普通高校体育教学中体育物质文化建设的缺失

高校体育教学中物质文化建设缺失主要体现在师生对体育教学过程中运动器材提供的数量和质量上。这说明高校在进行物质文化建设的时候，只注重了体育场馆等规模大、场面宏观的物质文化方面的建设，忽视了体育教学过程中对运动器材的重要性认知，也缺乏充足的运动器械的知识，这是体育教学中体育物质文化缺失之一。其次，教师和学生对体育教学中图书资料的运用、多媒体工具的使用也较为不满意。由于许多的教学过程受到传统方式的影响，加上学校相关领导未能运用其他课程类型的教学方式来要求体育教学，因此，在体育教学中对多媒体工具的投入使用量和图书资料的购买往往比其他课程要欠缺许多。实际上，在网络经济繁荣的现代社会，学生们已经习惯了多媒体工具的使用，因此，这会成为新时代下建设体育物质文化的重要方面之一。

### （二）普通高校体育教学中体育精神文化建设的缺失

高校体育教学中体育精神文化建设的缺失之处主要体现在学生对体育教学的价值认知过于表面、教师传授的体育知识过于单一和缺乏理论性、体育教学方法缺乏多样性以及体育教师在教学过程中缺乏创新能力等方面。体育教学能够在心理素质培养、道德培养以及智商培养方面产生重要作用，这些隐性的深层次的价值只有小部分的学生能够认知到。现阶段体育精神文化建设在体育教学中的体现仅仅停留在原生层面，保持着传统的对体育教学活动的认知，这将在很大程度上限制校园体育精神文化的发展和繁荣。体育教学忽视对人的社会属性的培养。高校体育教学偏重技术性，重视身体机能的提升，忽视了体育教学中的体育文化的渲染是可以提升学生的意志、道德以及其他社会人属性的培养。体育教学中，大部分教师传授的知识以技能知识和娱乐健身的结合为主，其次为单一的技能知识传授。这反应在现阶段，我国高校体育教学建设以技能训练为主，忽视了能够有效促进体育文化发展的体育理论知识在育人中的重要性。

随着当今网络科技的日益成熟，学生们接受知识的方式也非常地多元化。但是，有一半的学生接受到的是传统的接受式教学法，老师们仍然采用传统的单一信息传递的教学方式。同时，体育教师在体育教学过程中的创新能力有待提高。体育教师无论是在教法、场地规划以及器材管理上的创新能力上都缺乏创新精神和原动力。

### （三）普通高校体育教学中体育制度文化建设的缺失

如前文所述，湖南省高校普遍对体育教学进行了严格的制度管理，涉及体育教师、体育场馆、运动器材、体育课堂等各类规范制度。然而，高校对体育教学的制度中绝大部分属于监管制度，缺乏激励制度。制度文化不应该仅仅包含规范行为的制度，另一个重要的方面是激励行为的制度，这是体育制度文化建设的一个重大缺失，也是未来建设的重点。高校应该完善体育教师教学的激励制度和机制，并建立起科学有效的体育教师教学评价体系，建立制度实施的机制和平台，从制度上引导和鼓励高校体育教师在弘扬体育文化中发挥出重要作用。

## 二、普通高校体育教学中体育文化建设缺失的原因分析

根据调查结果显示，高校在体育教学活动中进行体育文化的建设取得了一定的成就，但是也存在着缺失。根据调查结果显示，师生认为制约体育教学活动中体育文化建设存在着多种因素，其中以学校在体育方面的经费预算不够为最重要的制约因素，其次是对于对体育教学活动的价值认识不够以及学生自身的健康意识较差。具体情况如表 7-24 所示。

表 7-24 关于制约体育教学中体育文化建设的因素的调查表

| | 被选次数 | 所占比例 |
|---|---|---|
| 学校体育经费缺失 | 386 | 71.26% |
| 学校体育师资力量不够 | 206 | 37.93% |
| 对学校体育教学认识的局限性 | 324 | 59.77% |
| 学校领导的不重视 | 199 | 36.78% |
| 学校体育部门的作用没有充分发挥 | 156 | 28.74% |
| 学校管理制度落后 | 168 | 31.03% |
| 学生的健康意识较差 | 311 | 57.47% |
| 学生的身体素质普遍不高 | 255 | 47.13% |

## （一）强调技能，忽视文化素养

对体育教学活动认识缺失、缺乏先进的更新的指导理念应该成为体育文化建设受到阻碍的最重要因素之一。如果师生对于健康的意识非常强烈，教师拥有先进的教学理念，学校主管部门对体育教学和体育文化建设的价值拥有深度的认知，那么，体育文化建设定能在三方合力下取得有效成绩。如表 7-24 所示，学校领导的不重视、学生的健康意识较差以及对体育教学这一活动所拥有价值的认识的局限性都是湖南省高校体育教学中体育文化建设缺失的原因。而正是由于缺少深厚的文化底蕴、对体育文化缺乏了解和认知，才导致在教学改革的今天，体育教学仍然强调的是学生的技能是否达标、体育竞赛是否拿到了好的成绩，而非学生在体育课堂展现的精神风貌、在其他组织形式的体育教学活动中的参与度。如表 7-25 所示，体育教学中对学生体育成绩的考评依据以技能评定、达标成绩和体育课出勤率息息相关，而对其他反映学生的心理状态、精神风貌和文化素养的指标运用率非常低。

表 7-25  对学生体育成绩考评的主要依据的调查表（$n=296$）

|  | 被选次数 | 所占比例 |
|---|---|---|
| 达标成绩 | 68 | 85％ |
| 技能评定 | 76 | 95％ |
| 交往合作能力 | 16 | 20％ |
| 体育课出勤率 | 64 | 80％ |
| 进步幅度 | 28 | 35％ |
| 心理素质 | 8 | 10％ |
| 学习态度 | 16 | 20％ |
| 参与各类体育活动的积极性 | 20 | 25％ |

其次，教师作为教学开展的要素之一，教师的体育文化素养会以个体间文化沟通与融合的内隐方式传递给学生。因此，教师是否拥有较高的体育文化素养水平也是反映体育教学理念的一个指标。通过调查研究我们发现，对教师的考评以上课时长和体育竞赛成绩为主，几乎不考察体育教师的继续教育或是培训等指标。上级考评政策往往影响教师的行为，因此体育教师普遍采用"重技能、轻素质"的方式去培养学生。如表 7-26 所示，体育教师的体育科研情况较为缺乏，虽然几乎一半的教师拥有相关体育课题研究，但是却无法产出丰富的成果。文化素养的缺乏成为制约体育教师科研水平提高的"拦路虎"。

表 7-26　体育教师的体育科研情况对体育文化影响的调查表

| | 人数 | 比例 |
|---|---|---|
| 拥有课题研究 | 38 | 47.5% |
| 拥有研究成果 | 17 | 21.25% |

### （二）强调课堂，忽视其他体育教学形式

体育课堂是体育教学的最重要的形式。然而，作为高校内的体育教学，突破了中小学生在场地、时间、年龄和强度上的诸多限制，存在着多种多样的体育教学方式。诸多校园内非常活跃的各类体育培训班，如体育舞蹈、羽毛球、乒乓球等，吸引了许多拥有强烈体育兴趣的学生的参与。但是，这些体育培训班往往是学生自发组织的，上课的老师也是由高年级的学生充当，学生们并未接受到专业的指导。学校主管部门以及体育教师普遍重视体育课堂，无法投入到其他形式的体育教学活动中。实际上，其他形式的体育教学活动才是真正能够展示一个高校拥有浓厚体育文化氛围和良好体育文化传统的重要指标。忽视了这些课余的体育教学形式，自然体育文化建设受到阻碍。

### （三）强调规范，忽视创新

传统的体育教学形式的确强调组织性和纪律性，因此教师往往非常注重体育规范。且体育教师为了发挥自身的权威，常常以各种规范约束学生。加之体育是一门技术性很强的学科，高校体育课程中的技能训练难度也较大，学生们往往谨遵教师倡导的规范。由于上级对我国高等体育教学的监管较为严谨，因此大部分体育教学的过程中，体育教师都谨遵教学大纲和自己按时编制的教学计划进行，无论在内容上、教学模式上都沿袭着传统的体育教学模式，体育课程的结构一般也按照开始、准备、基本训练以及结束四个阶段进行。

体育教学的创新，应以素质教育为教学理念，构建起民主的、师生合作的关系，以教师引导和启发为原则，通过激发学生自身对体育的激情和求知欲，实现学生自主追求体育能力发展和整体素质提升的双重目标。运用创新的体育传授和学习模式，需要改变传统体育教学中的"教师讲—学生听""教师教—学生做"的被动式体育教学模式。创新体育教学的核心是以教师为主导，而以学生为主体，师生双方积极相互配合，即在教师的引导下，让学生的主体性得以充分发挥和施展，方能取得最佳的体育教学效果。当学生开始主动学习和创造性学习时，体育课程的内容和实施效果也会在他们能动性的学习下发生了创新和变化。通过教学形式的创新，带来了教学内容和教学结果的创新，这是一

个良性循环。当课堂教学让学生在一定框架结构下自由发挥和探索时，学生们的需求和想法会融于各项活动中，在完成体育教学目标的同时，让学生们掌握了终身受益的体育技能和体育意识。

### （四）强调课余自治，忽视教师指导

大学生体育课堂以外时间的体育活动自治是现代高校体育管理的需要，也是学生参与高校体育事务，提高体育文化素养的自身需求。重视学生课余体育自治本身无可厚非，只是学生课余体育自治整个过程中很少出现体育教师的身影。如上文所述，在调查中发现教师与学生共同进行体育活动和锻炼的频率非常低。但是学生们却认为体育教师对他们具有重要的影响。如果体育教师能够在其他时间加大与学生们共同进行体育锻炼的时间，学生们的积极性定能有所提升，校园的体育文化建设、体育精神风貌也能够得到彰显。

### （五）加强体育文化促进体育教学

校园对于体育文化的建设属于校园文化当中的特殊文化现象，更是构成校园文化不可缺少的重要部分，对于校园体育文化的强化建设，有益于学生完整人格的塑造，并且可以帮助学生提升体质，培养终身体育的意识，更能构建健康向上的校园文化气氛，深入贯彻素质教育，产生的意义和作用非常关键。因此，学校在对学生进行培养和教育的过程中，除了对培养目标、教学方式、课程体系、制度等进行设置，还需要对体育文化进行构建，以便对学生的培养能够更加全面、具体。

#### 1. 校园体育文化的含义以及意义

校园体育文化当中包括了精神文化、制度文化以及物质文化。其一，物质文化方面包括了对体育场地以及建筑的构建，同时还有环境、器材、师资队伍等；其二，精神文化方面包括：学校针对体育文化建立的文化核心以及文化本质，主要为教师与学生的体育意识观念、展现出来的精神风尚以及道德等层面；其三，制度文化涵盖了体育文化的各项组成形式，是体育文化各项活动开展和建设的基础前提和保障。在对体育文化进行发展以及壮大当中，这三个方面不可或缺，彼此之间相辅相成，是一个不可分割的整体，需要一同发展，一同推进。其中，文化的建设需要有物质文化作为保障，同时还要将制度文化作为建设的表征。此外，核心为精神文化，可以对师生的体育精神风尚进行整体展现。

2.体育教学存在的问题分析

当前针对体育文化的构建，还存在一些问题需要解决。例如，体育文化的建设，在很多院校当中只在课余活动当中有所发展和展现。在体育教学中，关注的重点依然是学生的体育活动，所以在精神层面的培养和渗透非常不足。因为这一教学问题使得有些学生对体育的认知并不深刻，比较浅显。同时，还使学生的人文素养以及精神风貌等得不到进一步提升，限制了体育文化的进一步发展以及有效传播，所以体育发展在主流文化之外长期徘徊。

3.加强体育文化促进体育教学的有效措施分析

（1）在教学中强化文化传播的理念

体育教师是体育文化传播的使者，自身的责任和义务非常重大。所以教师需要站在更高的层面对体育有多角度的分析，并意识到体育文化渗透对学生产生的意义和作用。因此，需要在基础课程完成的前提下，选择一些传统文化以及社会化的体育教学内容向学生渗透，有益于体育教学的深层次发展。同时，也对传统体育项目进行了强化传播，对体育的民族特色有所展现。

此外，对于教学工作，需要树立两条主线，其一为终身体育，其二为对学生素质教育的强化。通过两条主线对学生体育文化意识的培养十分有效，还可解决好课程教学中文化传播不足的问题，从而使体育教学能够得到更高层次的改革，形成教学新局面。

（2）体育文化对学生人文精神的培养

体育可以对学生的毅力、拼搏精神进行塑造，同时帮助学生强健体魄，使其形成健康、积极向上的心理素质。其中，体育文化对于学生正确思想观念的形成有着重要的帮助作用，所以在体育授课当中需要对学习机制教育进行强化，对积极向上的教学内容及方法进行树立，并且与学生的生理特征以及心理特征进行结合。利用体育精神和文化，能够使学生终身体育思想逐步养成。在对学生终身体育意识进行培养的过程中，要对其进行鼓励，使其积极主动的参与各项体育活动，并且在各项活动当中获得知识和教育。同时，还要通过各项体育文化活动，帮助学生提升体育兴趣，使其找到正确的锻炼方法以及方式，学生会终生受益。教师还可带领学生观赏体育比赛，如 CBA 比赛、乒乓球比赛、羽毛球比赛、足球比赛等。在比赛当中，针对其中发生的一系列事件，要有客观的评价，以便学生能够对体育文化的认同感有所提升。

（3）以人为本，提升精神文明建设

在当前的社会发展环境下，学生对于新理念以及新思想的接受非常快，并且也愿意接受全新的思想以及观念。这其中便会受到一些消极以及腐败思想的冲击，因此教师需要在日常工作当中，帮助学生学会辨析不同的文化引导。

（4）培养学生终身体育意识，鼓励其积极参与体育活动

加强体育文化促进体育教学在对学生进行培养当中，对于特色体育社团的构建，可以为学生与体育之间搭建连接的桥梁，所以对于体育文化的构建，可利用社团逐步展开。并且社团的多样化活动也能够成为体育文化强化开展的载体，从而对体育文化进行更好的建设，使学生的体育意识有进一步增强。其中，教师对于体育文化的建设，一定要贴近生活，并且从内心深处感受学生的需求。例如：可以定期举办一些对抗赛、邀请赛等。在活动举办时，要做好正确的宣传，抓好热点，吸引更多的学生，使学生的课余文化能够更加丰富，有益于学生得到更多的锻炼，使其体育思想品质有所提高。

（5）体育文化建设需要将校园物质文化建设作为载体

校园体育文化能够高度建设的关键载体便是环境以及物质文化的建设，如果院校的体育设施以及场馆条件不足，会对体育项目开设造成影响，并且也无法满足学生的期望，影响了俱乐部以及运动队伍的构建。所以，院校对于体育文化的建设要高度重视，首先要明确校园文化建设对学生产生的意义和帮助作用；其次，强化投资力度，要对各硬件设施条件进行改善，为校园文化的良好建设奠定基础。

（6）增添新的体育运动项目

院校对于体育活动的开展，通常只限于传统体育项目，如篮球、足球、羽毛球、网球等。尽管这些项目都是学生非常喜爱的体育运动，但由于学生正处于青春、活力四射的年纪，所以可以开通一些新型的体育运动项目，以便对体育文化进行更好的建设和传播。

例如，健身操可以将舞蹈、音乐、健身以及娱乐融为一体，非常符合学生的喜好和兴趣。对于校园体育文化的丰富，有着重要的促进作用。此外，很多学生非常喜欢街舞运动，街舞文化也正以不同的方式对学生产生很大的影响，所以对于体育文化的建设还可以融入街舞文化，不但可以使学生对体育项目更感兴趣，也更加符合学生的学习需求，使得体育文化得到了更好的建设和传播。

综上所述，院校对于体育课程的开展，不可忽视体育文化，两者相辅相成、

密不可分,可使学生的学习兴趣有所提升,并在逐步学习中,养成终身体育意识。所以,在日常授课的过程中,文化宣传要根据学生的心理以及兴趣等,对传统的教学思想革新,以便课程内容的设置更具针对性。同时,院校还要注重对教学设备的建设和完善,结合各项竞赛的开展,帮助学生拓宽视野,使其自觉参与各项活动,并对体育文化主动传播。

# 第四节　高校体育文化现代化的发展策略探讨

## 一、高校体育教学中体育物质文化建设改进路径

学校的物质文化建设是整个校园体育文化建设的基础。随着学校办学规模的扩大以及新时代下学校体育教学的多元化需求,校园体育的功能和作用也开始多元化发展,这必然要求学校的体育馆、体育设施、体育器材适应体育文化的多功能需求。但是这些现代设施的功能的开发和利用的层次不断提高,给管理、使用、维护和开发带来了新的问题,因此,加强体育设施的管理、利用和维护,使其能更大程度地发挥这些硬件设施的功效是高校体育教学的物质文化建设的必由之路。

表 7-27　关于促进体育教学中体育文化建设的因素的调查表

| | 被选次数 | 所占比例 |
| --- | --- | --- |
| 经费支持 | 461 | 85.06% |
| 场馆建设 | 460 | 79.31% |
| 体育课程的科学设置 | 305 | 56.32% |
| 体育教学理念 | 287 | 52.87% |
| 体育老师的素质 | 249 | 45.98% |
| 体育制度的全面构建 | 299 | 55.17% |
| 学校领导的重视 | 274 | 50.57% |
| 经费支持 | 461 | 85.06% |

### （一）加强体育设施在体育教学过程中教育导向和文化传播功能

在体育教学过程中,在使用物质设施之前,体育教师应该对所运用到的设施、器材进行系统化讲解,帮助学生树立其系统化的体育思维,而非仅仅专注于运动训练。通过强化对物质设施的关注和学习,学生可以感受到学校、教学以及教师对体育事业的热爱和认真的态度,能够将精神性的、心理上的体育

意识和感悟物化到体育设施上。对具象化的体育设施的学习和关注，有助于进一步加深对体育文化的感悟，更好地通过物质设施传播体育文化和体育精神。在体育场馆旁边设立一些国际知名的体育雕塑，添加名人简介以及所获荣誉，给学生创造一个浓厚的、高尚的体育氛围。

### （二）强化设计体育人文景观，提升体育物质文化品味

随着高校招生人数的增加，教学所用的基础设施建设力度加大，教学环境得到了很大的改善，但是在物质文化环境的构建中，除了所用设备、器材以及教学环境，还应该包括整体构建的人文景观。在校园内适当挖掘或增添一些体现学校体育文化特色的人文景观，能够代表一个学校独特的精神风貌和希望传递的价值观，形成具有学校特色的文化氛围，也大大丰富了高校的体育物质文化，达到对学生潜移默化的作用。每所高校的办学历史、办学理念、办学区域、办学方式不尽相同，传统的校园文化和时尚体育文化的影响程度也不同，具有特色的体育文化最直观的体现就是学校的体育场馆构建、布局以及体育雕塑等综合起来的体育人文景观的建设。

### （三）创新体育教学中对空间和设备的利用

作为具有强烈象征意义的校园内的体育建筑、雕塑或是体育场馆，其本身的构建和展示形态就是一种文化现象，通过具象的形态成为体育意识和体育文化的实际载体，这些文化现象代表着人们想表达的思想和凝聚的智慧，体现着人们的价值观。这些文化要素对人们起着潜移默化的陶冶作用。因此，在体育教学过程中，应该充分利用学校的空间，合理布局体育场地，因地制宜地开展体育文化活动，建设场馆、增添设备。进行体育教学的体育场馆应该经过科学细致的安排和布置，整洁明亮。除了传统意义的体育场馆，还应该促进体育展览室、体育宣传橱窗以及校园体育网等新兴空间的利用。

体育教师还应该带领学生具有创造性地对现有体育设施进行多功能的开发。党的十九大报告，提出了新时代文化建设的目标是要激发全民族的文化创新和创造活力。只有创新才是推动新时代文化繁荣兴盛的主线。在校师生可以通过细微之处贯彻执行十九大报告的精神。如体育设施的设计通常只服务于一到两种主要功能，但是许多体育运动和技能训练的设计都是紧密联系的，应该通过转换视角和发挥联想，挖掘体育设施的多种功能。体育教师在教学过程中通过创新教法，既可以达到合理开发和利用场地空间以及设施的效果，还能够激发学生的学习情趣，调动学生的学习积极性，满足不同层次学生的需求。创

造性地使用体育教学设备在新时代下的集中体现是结合以计算机为核心的信息技术,使教学方法变得易于操作和展示,更加生动、科学和全面地展示教学内容,让学生们更易于接受。

例如,在体育教学中,许多动作具有连贯性,这给教师进行讲解和示范带来了难度,通过利用信息技术,可以把这些复杂的动作通过慢放、重放等方式讲解,减轻了教师重复多次示范但学生仍不得要领的尴尬境地。同时,许多技术动作的完成需要对各自身体的肌肉群的了解和感悟,慢慢带动练习。通过运用多媒体技术,教师能够一边播放肌肉解剖图,一边对学生的动作进行实际指导。

此外,在全球化的推动下,通过网络互动教学,可以更准确地了解国内外的体育教学的动态和情况,把各种体育声像及图文资料及时展示到学生面前。例如,许多中国大学与美国大学拥有合作,由于美国大学校园体育文化风行,拥有非常丰富的体育活动,其中有一些方式和资料可通过网络进行学习和借鉴。体育学科自身的发展决定了如今许多的更新内容需要数字化的动态演示教学,这是传统的教学模式无法完成的,这是网络教育在体育教育中的有力补充。再者,体育教师应该紧跟社会新现象,并充分利用社会资源补充体育教学所需的设备,如共享单车的出现,即可被体育教师运用到课堂中,进行身体素质训练等内容。

## 二、高校体育教学中体育精神文化建设改进路径

### (一)强化学生在体育教学和体育精神文化建设中的主体地位

目前我国高校中体育教学仍然以体育教师为主,学生扮演着参与者和学习者的角色。但是,往往体育精神文化建设的主体是高校学生。因此,体育教学主体和体育精神文化建设的主体实际上是分离的。只有将体育教学和精神文化建设的主体统一起来,才能够更加有效地促进两者的结合。

在体育教学过程中,可以通过各种各样的形式促进学生成为活动的主体。比如在现代社区中,拥有多彩的体育活动。学校可通过加强与社区的联系,举办以学生为主体的、服务社区的体育活动。如将体育教学的课堂搬到社区去,由学生充当社区里的体育教师,对社区里的体育运动和比赛进行专业的指导和培训,让具有"一技之长"的学生可以在社区体育活动中充当老师的角色,这对学生的组织指导能力、更好地理解体育知识、提升自身的体育技术无疑是难

得的机会。此外，教师可创造性地设计体育课程内容来发挥和强化学生们在体育教学过程中的主体地位。例如，以游戏的形式，让学生们在一周之内准备好下一节课的内容，下一节课的课堂内容为分组开设健身房，让学生们充当健身教练，以获得最多学员的健身房获胜。在此过程中，学生们会在非体育课堂时间，每人选择一个项目，并进行设计和多次排练，如何在课堂有限的时间内表演或完成不同体育项目的技术动作，以吸引学员。教师通过对课堂内容进行创新设计，不仅能够发挥学生们的主体作用，还能让学生们能够在体育课程之外进行体育活动，让校园充满浓厚的体育氛围。

### （二）强化体育教学中对特色体育文化的建设

由于我国地域宽广，不同地区之间的人们往往具有不同的传统体育习俗和方式，不同地域的人们会形成不同的体育观念和兴趣爱好。因此，在体育教学过程中，教师除了遵循国家规定的要求，应该根据不同区域的学生的身体特质以及习惯、兴趣爱好和体育物质文化进行特色化的精神文化建设。比如，最为普遍的可以将地域分为发达地区的高等学校和偏远地区的高等院校，两者之间在物质条件上存在差异，但是却各有优势。比如偏远地区的高校，虽然学校的物质文化没有像城市地区那么先进和国际化，但是可以充分利用当地独特的自然条件，围绕当地特有的山川、河流、森林等地形，举行各种户外的体育运动，比如登山、划龙舟比赛等。而在发达地区的高校，由于拥有雄厚的经济实力和大量的体育信息，因此体育教学应该更加体现时代性和科学性。可以依靠学校具有的体育设施组织新颖的、整合性的体育文化活动，举行各类体育知识讲座。

此外，不同的学校应该根据不同的文化传统进行体育教学活动。学生的兴趣爱好和习惯多与该学校的较为优势的项目或是体育文化背景有关，体育教学应该加强这些方面的培养。因为这些优势项目往往会吸引更多的学生，且加大对优势项目的投入能够将这些项目打造成学校的象征。这样不仅有利于培养学生的自豪感，还能够吸引更多的外部支持，比如政府的投资等。围绕体育文化背景进行体育教学活动的强化，突出传统体育文化的建设，弘扬地区的体育文化传统，增强学生参与到体育教学过程的积极性和投入度。

### （三）延伸体育教学为体育精神文化建设提供的平台

目前体育竞赛、体育知识讲座、体育文化节等活动已成为高校的体育教学除了课堂授课以外的重要形式。我国许多高校已实现了体育教学形式的丰富化和手段的多样化。尽管高校体育教学在体育精神文化方面取得了长足的发展和进步，但是，高校体育教学活动仍需结合时代的脚步，不断地发展和创新。除了传统授课地方式，定期举办的体育知识讲座和体育竞赛成为体育教学采用的重要形式。这种形式所涉及的内容广泛，包括了体育和健康、科学与体育、运动与损伤等。并且，许多高校定期聘请校外知名体育专家或是有建树的运动员到学校给学生授课和讲座，提高学生对体育的兴趣，并提高学生的反应能力和竞争意识。除此之外，学校应该具有能动性地发挥主导作用，联合社会、家庭为体育精神文化建设提供更加广阔的服务平台。例如，在高校的体育教学过程中，还可以创造性地借鉴中小学体育比赛的形式，举行亲子运动会和体育竞赛，邀请学生们的家长来参与大学生运动会。通过大学生亲子运动会，拉近了大学生与父母的距离，大学生的父母不仅能够亲自感受来自校园的体育文化建设，而且能够充当校园的体育文化建设的有效的传播者，还能够提升学校的声誉和口碑。这种学校与家庭联合起来的体育教学形式成为一个窗口，促进了高校体育精神文化的发展和弘扬。

## 三、高校体育教学中体育制度文化建设改进路径

### （一）加强体育教师与学生的互动机制建设

在体育文化的建设过程中，作为体育教学最前沿的施行者，高校教师自身对体育教学在体育文化建设中的重要作用的意识是发挥教师能动性的前提条件，只有当高校教师充分认识到体育文化弘扬的重要性，以及体育教学在体育文化建设中的地位，他们才能身体力行，将体育文化意识投射到体育教学的过程中，在体育课程内容和结构的设置、体育课堂与学生的互动教学以及体育课程结果评估中充分融入体育文化所需传递的精神。

正是由于体育教师在体育教学过程中主导着体育文化建设，因此学校体育教师队伍的建设对体育教学以及体育文化的建设起着决定性的作用。体育教师与其他教师一样，肩负着传播知识、培养人才和发展科学的重大任务，他们对学生的兴趣、爱好和价值观都会产生最为直接的影响。高校对体育教师的要求非常高，不仅需要安排课程、组织体育活动、配合学校的管理还需要进行科学研究和提高整个领域的发展水平。因此，学校多注重对教学过程中教师的能力要求和培养，如运动能力、教学能力、组织能力和科研能力。这些能力可以通过自学、开展教研活动和科学研究活动获得。

但是，高校体育教师除了在能力方面影响学生的体育技能水平，还会在体

育意识、体育修养方面应该学生对体育活动的态度和价值观。体育教师除了在体育教学课堂上完成本职工作，还需要加强与学生的课外互动，将体育教学过程中的东西切实运动到生活中，帮助学生培养良好的体育习惯，形成尊重体育事业、投入体育锻炼的良好的体育价值观。

由上所述，强化体育教师与学生的互动机制建设应该从体育课程设置、体育课堂互动、课外体育竞赛、体育文化生活等方面进行建设。在体育课程的课程目标编制以及课程实施大纲前，体育教师可在课程前期进行调研，征求学生们对于体育项目的偏好以及体育课程形式的建议，让体育课程融合学生们的新发展和新思想。在体育课程互动过程中，体育教师应该融入更多时代元素，对课程的新奇感能够让学生们更加专注于课堂内容。比如，在做体育游戏时，运用到手机二维码等工具，或是现有的已开发的可利用的APP，类似新时代但较为日常的元素的运用，能够让学生们在体育课堂之外将体育游戏运用到生活中。作为体育文化制度建设的一部分，在对体育教师的评价中，将是否创新性地、全方位地加强与学生的互动机制体现出来。

## （二）提升体育领导者在体育教学中的管理能力

党的十九大报告中的第七大部分提出"坚定文化自信，推动社会主义文化繁荣兴盛"就要"牢牢掌握意识形态工作领导权"，强调要"落实意识形态工作责任制，加强阵地建设和管理"。促进体育教学过程中体育文化的建设和弘扬不仅需要具有雄厚实力的师资队伍和活泼的学生，一支运筹帷幄的管理领导队伍也是非常关键的。因为学校的体育教师大部分各司其职，而如何在体育教学的过程中促进体育文化的建设的决策权和推动力在领导队伍中，教师和学生所能发挥的主观能动性远远没有管理者的政策导向更有效。

确切地说，体育教学过程中的体育文化建设需要提高体育领导者的管理和领导能力，对学校的体育文化发展具有预测能力，从宏观层面把握体育教学事业的发展动向，提前为学校的体育教学事业进行长期和短期的规划，并结合国内外先进的教学经验，在学校推而广之。对于促进体育文化建设事业发展的优秀教师以及表现突出的学生给予奖励。在有关体育教学的问题出现之前做到未雨绸缪，在整个校园的体育文化建设过程中充当一个导航者的角色。

## （三）优化体育教学的组织和管理制度

在接受高等教育阶段，许多大学生仍不完全具备足够的自律能力。通过制定健全科学的规章制度和条例，建立起强有力的约束机制，以此强化学生的体育意识和行为，促进锻炼风气的形成，是高校体育文化建设的另一重要方向。

优化体育教学的管理制度需要落到实处。比如，加强对学校体育组织机构的建设，如体育教学部、体育俱乐部的职责和权力的明确，只有将职能和责任对等起来，才能督促各机构切实履行优化组织教学的任务。同时，学校应该给予各组织机构相应的竞争和激励措施。在各体育组织机构之间搭建竞争平台，对为优化体育教学活动、促进体育文化建设活动贡献力量的机构进行奖励。由于组织管理行为只能在行为的发生过程中起到监督的作用，而真正驱动教师和学生自发遵循和完善体育制度的是激励。

通过问卷调查和数理统计，还发现普通高校在体育教学过程中的体育物质文化建设方面存在着只注重了体育场馆等大规模的物质文化方面的建设，忽视了体育教学过程中对运动器材的重要性认知，以及在体育教学中图书、音像资料以及多媒体工具的运用较为缺乏的问题；在体育教学过程中的体育精神文化建设方面存在着重技能培养、忽视文化素养，重视技术知识和实操知识、缺乏理论知识，重视体育课堂，忽视其他体育教学形式以及缺乏创新精神等方面的问题；在体育制度文化建设方面，存在只注重对体育教学中监管制度的建设，缺乏激励制度的问题。

通过结合体育文化和体育教学等基础理论，针对导致普通高校体育教学过程中体育文化缺失的原因是：过于强调体育技能培养、忽视了文化素养，过于强调课堂、忽视了其他丰富多样的教学形式，过于强调规范、忽视了创新创造以及过于强调课余学生自治、忽视了自主创新与教师引导相结合等因素。

以上原因反映了在现有大力倡导教学改革的背景下，体育教育教学仍然存在一定程度的僵化，未能将体育文化生动、灵活融入体育课堂。

分别从体育物质文化改进、体育精神文化改进和体育制度文化改进上提出了改进高校体育教学中体育文化建设的措施。

在体育物质文化建设上：①加强体育设施在体育教学过程中教育导向和文化传播功能；②创新体育教学中对空间和设备的利用；③强化设计体育人文景观，提升体育物质文化品味。

在体育精神文化建设上：①统一体育教学和体育精神文化建设的主体；②将特色体育文化的建设嵌入体育教学活动中；③延伸体育教学活动为体育精神文化建设发挥的平台作用。

在体育制度文化建设上：①加强体育教师与学生的互动机制建设；②提升

体育领导者在体育教学中的管理能力；③优化体育教学的组织和管理制度。

此外，在未来的发展中应该充分关注体育文化建设的各部分在体育教学过程中的相互作用和相辅相成的联系。无论是客观的体育物质文化还是主观的体育精神文化和体育制度文化，只要有利于提升整体体育文化水平的措施和路径都应该受到重视。各高等院校由于拥有不同的办学条件、历史文化传统，面临的文化受众也存在差异性，因此在进行体育文化建设时应该因地制宜、因材施教。

例如，当体育物质文化建设受到客观条件的制约时，体育精神文化和体育制度文化建设不能因此停滞，而是应该充分发挥主观能动性强化另外两方面的建设。发展具有特色的体育文化建设既要拥有引领的方向，又要注重体育物质、精神和制度文化建设的整合。

# 参考文献

[1] 李姗姗. 现代教育思想在高校体育教学中的应用研究 [M]. 成都：四川大学出版社，2014.

[2] 张胜利，邢振超，孙宇. 高校体育教学与科学训练 [M]. 北京：九州出版社，2015.

[3] 于可红，张俏. 世界一流大学与体育文化互动发展研究 [M]. 杭州：浙江大学出版社，2015.

[4] 李浩. 多元体育文化的内涵解析与发展走向研究 [M]. 北京：九州出版社，2015.

[5] 郭道全，魏富民，肖勤. 现代高校体育教学概论 [M]. 北京：中国商务出版社，2015.

[6] 周遵琴. 高校体育教学改革与发展 [M]. 成都：电子科技大学出版社，2015.

[7] 戴信言. 高校体育教学多种模式的探索 [M]. 北京：中国原子能出版社，2016.

[8] 周怀玉. 未来高校体育教师必备素质研究 [M]. 长春：吉林文史出版社，2017.

[9] 刘锦. 现代体育教学体系的建设与发展研究 [M]. 北京：中国书籍出版社，2017.

[10] 董波. 高校体育管理研究 [M]. 西安：西安交通大学出版社，2017.

[11] 任婷婷. 高校体育教学管理改革与模式构建 [M]. 长春：吉林大学出版社，2017.

[12] 张伟，孙哲. 体育教学功能解析与实现途径研究 [M]. 北京：中国商业出版社，2017.

[13] 张微，都达古拉，马英. 现代高校体育综合课程理论与实践研究 [M]. 北京：九州出版社，2017.

[14] 张虎祥．体育文化与全民健身 [M]．北京：九州出版社，2017.

[15] 吉丽娜，李磊．高校体育教学与训练理论实践探究 [M]．北京：地质出版社，2017.

[16] 王华军，詹筱蕾．校园体育文化的多元化发展与创新体系构建 [M]．北京：中国原子能出版社，2017.

[17] 王建军，白如冰．高校体育文化教育研究 [M]．长春：吉林美术出版社，2017.

[18] 顾春先．学校体育文化节的构建与传播 [M]．成都：西南交通大学出版社，2017.

[19] 陈轩昂．新时期高校体育教学的改革与发展 [M]．北京：航空工业出版社，2017.

[20] 刘满．体育教学团队的科学建设与管理 [M]．北京：中国商业出版社，2017.

[21] 谷茂恒，姜武成．高校体育教学评价体系的构建 [M]．北京：航空工业出版社，2017.

[22] 沈建敏．体育教学创新与运动训练研究 [M]．北京：新华出版社，2018.

[23] 邵林海．地方高校体育教师专业发展研究 [M]．北京：冶金工业出版社，2018.

[24] 辛娟娟．运动技能与体育教学 [M]．北京：九州出版社，2018.

[25] 赵金林．校园体育文化建设与实践探究 [M]．北京：中国书籍出版社，2018.

[26] 贾振勇．体育教学改革与实践应用探究 [M]．北京：新华出版社，2018.

[27] 马鹏涛．高校体育教学改革创新与科学化训练研究 [M]．北京：新华出版社，2018.

[28] 刘忠举．现代体育文化体系解析与发展研究 [M]．北京：中国书籍出版社，2018.

[29] 曹宏宏．高校体育与健康课程教学实践改革研究 [M]．长春：吉林出版集团股份有限公司，2018.

[30] 杨明强．学校体育教学理论与实践研究 [M]．武汉：武汉大学出版社，2018.

[31] 王彦英．多元体育文化的创新与发展研究 [M]．北京：中国书籍出版社，2018.